T0401750

LUIS ANTEQUERA

Historia desconocida de la Pasión de Cristo

SEKOTIA

Editorial Sekotia • Colección Biblioteca de Historia
Editor: Humberto Pérez Tomé Román
Maquetación: Miguel Andréu

www.sekotia.com
pedidos@almuzaralibros.com - info@almuzaralibros.com

Editorial Sekotia
Parque Logístico de Córdoba. Ctra. Palma del Río, km 4
C/8, Nave L2, nº 3. 14005 - Córdoba

Imprime: Romanyà Valls
ISBN: 978-84-19979-15-5
Depósito: CO-348-2024
Hecho e impreso en España - *Made and printed in Spain*

Índice

Introducción

Durante una Pascua judía del año 30 o del año 33 —dependiendo la lectura que hagamos de los textos evangélicos se determina un año o el otro como aquél en el que tuvo lugar— ocurre un evento que entonces se presenta como prácticamente «cotidiano», sin demasiada importancia: se trata de una crucifixión, una crucifixión más de las muchas que se producen en el Imperio Romano, el cual ha alcanzado ya unas dimensiones colosales para la época, y particularmente en un punto de dicho Imperio, sus tierras más orientales, las que abarcan Siria y Palestina, ya en el continente asiático.

Nadie puede entonces ni imaginar el alcance histórico que ese suceso —que en ese momento apenas reviste el aspecto de un pequeño altercado contra el orden público— va a tener en la historia de la humanidad, desencadenando un proceso que llevará a la fundación y formación de toda una religión, la cual, gracias al impulso proselitista de sus primeros jefes y de aquéllos que los sucederán, acabará implicando de una manera directa a casi uno de cada tres seres humanos del entero planeta Tierra, y de manera indirecta a la práctica totalidad de la humanidad.

Es el crucificado un galileo de religión judía, que ha conseguido agrupar en torno a sí un pequeño grupo de seguidores, de condición, por lo general, humilde, a los que convence no sólo de que él es el mesías que está esperando el pueblo judío, sino incluso más, que él es el mismísimo «Hijo de Dios», una titulación con connotaciones que exceden lo meramente terrenal y trascienden lo meramente humano.

Para llegar a dicha crucifixión se ha producido un proceso judicial verdaderamente único en la historia. Un juicio que va a implicar a varias jurisdicciones diferentes —hasta tres, como veremos— las cuales acaban improvisando un procedimiento sin parangón ninguno conocido. El análisis en profundidad de ese juicio resulta sumamente revelador, además, del proceso que se vive en la región, con un pueblo antiquísimo y culto, con literatura centenaria y una clara conciencia de sí mismo, el pueblo judío, que se resiste a ser absorbido y asimilado por la que es la gran potencia de la época, empeñada, por el contrario, en absorberlo y asimilarlo: ni más ni menos que Roma.

La presente obra pretende describir el extraño procedimiento judicial al que nos referimos, convertido, dada la trascendencia que tendrá, en uno de los momentos cruciales de la historia humana, por no decir el más importante.

Para ello, procederemos al análisis de cuatro temas que nos parecen los fundamentales: los posibles enemigos de Jesús; el análisis del juicio al que fue sometido; el delito por el que es condenado; y finalmente, de manera muy breve, la fecha en la que estos eventos tuvieron lugar.

Quedaría un tema importante por analizar, la pena a la que Jesús es castigado que no es otra que, como sabemos, la crucifixión. Tema este que he tenido ocasión de analizar en detalle ya en el libro que antecede a este en su publicación, titulado *Crucifixión. Orígenes e Historia del suplicio*.

1. LOS ENEMIGOS

1. Introducción

Cuando un buen día del primer tercio del s. I —que ya tendremos ocasión de fechar con precisión más adelante— se desencadenan de manera repentina y brutal los acontecimientos que concluyen con la crucifixión de un hombre tenido por ejemplar por muchos de sus contemporáneos y por millones de seres que más adelante harán de los principios que preconiza verdad de fe y argumento de su salvación, lo primero que cabe preguntarse es quiénes fueron los poderosos enemigos de ese hombre, como para que un hecho tan en principio aberrante, la crucifixión de un hombre justo, pudiera llegar a producirse.

Lo cierto, sin embargo, es que en una especie de constelación maldita que le conduce inexorablemente a su trágico final, a lo largo de su impenitente peregrinar por las tierras de Palestina, ese hombre justo no para de hacer enemigos, hasta llegar a un punto en que pocos, y, sobre todo, poco poderosos, son los que no tienen algún motivo para desear su muerte. Estos enemigos los halla Jesús tanto en el poder, llámese civil, llámese religioso, como en la sociedad con la que convive cada día. Ahora bien, ¿de quiénes se trata?

2. Los fariseos

De todos los grupos sociales judíos con los que Jesús termina enemistado, según leemos en los Evangelios, el grupo con el que más agriamente le vemos enfrentarse en ellos no es otro que el de los fariseos, del que se nutre en buena parte el cuerpo de los escribas, esto es, los doctores e intérpretes de la Ley judía o Torah. Y bien, ¿a qué es debida tamaña aversión entre un solitario profeta itinerante, como se presenta Jesús en los textos canónicos, y un grupo tan importante como lo es en la sociedad judía de su época, el de los fariseos? Tal es la cuestión que vamos a intentar desenmarañar en las líneas que siguen a las presentes.

El de los fariseos es un grupo que se organiza cuando los asmoneos se hacen con el control del Templo en el s. II a. C. tras sublevarse contra los seleúcidas sirios de Antíoco IV Epífanes, el cual pretendía helenizar al pueblo judío y a la principal de sus instituciones, el Templo. El propio nombre por el que se les conoce, «fariseos», ya dice algo sobre ellos: ora derive del hebreo *perushim*, «los segregados», ora derive del no menos hebreo *paroshim*, «el que distingue con precisión», cualquiera de las dos acepciones es reveladora de la actitud que adoptan los fariseos ante los nuevos hombres fuertes de la situación, los asmoneos, una actitud que cabe definir como de resistencia.

Como quiera que sea, en su activismo político, los fariseos conocen tanto las hieles, cosa que sucede en tiempos de los asmoneos

Juan Hircano (134-104 a. C.) y Alejandro Janeo (103-76 a. C.), y del idumeo Herodes el Grande (37-4 a. C.), quien elimina muchos de ellos (cf. Ant. 17, 2, 4), como las mieles, cosa que ocurre, por ejemplo, en tiempos de la asmonea Salomé Alejandra (76-67).

Los fariseos. Duccio di Buononsegna. Jesús acusado por los fariseos (1310). Museo dell'Opera del Duomo. Siena

Grupo de una cierta entidad para cuando acontecen los eventos que analizamos aquí, más de cinco mil según nos informa Flavio Josefo (cf. Ant. 17, 2, 4), fariseo él mismo según reconoce en su *Autobiografía* (cf. op. Cit. 2, 2), sus componentes son miembros del clero y de la pequeña burguesía judía, si podemos hablar de tal, y poseen en tiempos de Jesús un indudable influjo sobre la masa popular, tanto que, refiriéndose al grupo más poderoso entre los judíos, el de los saduceos, dice de estos Josefo:

«Se resignan [los saduceos] en contra de su voluntad y a la fuerza a seguir las directrices de lo que enseña la doctrina de los fariseos. Y eso porque el pueblo no les consentiría ningún otro proceder» (Ant. 1, 2).

Influjo al que hay que añadir el que ejercieron desde instancias reales de poder, tales como el propio Templo y también el Sanedrín, el órgano de gobierno y judicial a cuyos escaños accedieron con cierta asiduidad a través, sobre todo, del tercero de sus tres estamentos, el de los escribas, en el que estaban muy introducidos.

Entre los principios básicos de su pensamiento religioso, destaca una suerte de predestinación atenuada, la creencia en la existencia del alma y su supervivencia tras la muerte, y la concesión de un premio y un castigo en el más allá, según nos cuenta pormenorizadamente Flavio Josefo:

> «Y aunque entienden que todo el acontecer humano está determinado por el destino, tampoco quitan a la voluntad su propia iniciativa, por haber determinado Dios, por un lado, que en el devenir de los acontecimientos intervenga también la decisión del destino, y por otro, que la voluntad de los hombres proceda con virtud o maldad. Y creen ellos que las almas poseen el don de la inmortalidad, y que cuando ellas bajan al otro mundo sufren condenas o reciben premios, según en la vida se hubieran conducido perversa o virtuosamente, de suerte que las primeras reciben como pago la prisión eterna, y las segundas la facultad de volver a la vida» (Ant. 18, 1, 2).

En cuanto a aspectos más terrenales de la existencia, los fariseos no reniegan de la esperanza en un mesías que liberará al pueblo judío —creencia prácticamente general en la sociedad hebrea contemporánea de Jesús-—, como demuestran, simplemente, las numerosas veces en las que contemplamos a Jesús y a fariseos discutir sobre las condiciones en las que se producirá el advenimiento de ese mesías (cf. Mt. 22, 41-46; Jn. 1, 19-34; Jn. 3, 1-21; Jn. 7, 31-32).

Pero lo que más caracteriza el pensamiento religioso fariseo es la desmedida preocupación por cumplir con los aspectos más formales y visibles de la Ley: estricta observancia de los ritos de purificación, escrupuloso cumplimiento del Sabbath, respeto total de las normas alimentarias, etc., de lo que nos da buena cuenta también Josefo:

«Había por aquel entonces [se refiere a la época de Herodes el Grande] una secta judía que alardeaba extraordinariamente de cumplir escrupulosamente las tradiciones patrias y de interpretar las leyes en la manera que es grato a Dios [...] Se llamaban fariseos(Ant. 17, 2, 4).

Y más adelante:

«Los fariseos llevan una vida frugal, sin la menor concesión a la molicie y siguen fielmente aquellos principios que la razón les sugiere y determina como buenos». (Ant. 18, 1, 2).

2.1. JESÚS Y LOS FARISEOS

Jesús, por el contrario de lo que le sucede con otros grupos, se encuentra a los fariseos por donde quiera que vaya. Y es que los fariseos, aunque desde luego tienen su centro de operaciones en Jerusalén como demuestra que algunos de los fariseos que el maestro galileo se encuentra en su camino proceden de la gran capital judía (cf. Mt. 15, 1), no constriñen su labor de apostolado a dicha ciudad o simplemente a la región de Judea, sino que están en Galilea, al lado este del Jordán... En toda Palestina, en suma.

La relación de Jesús con ellos es extremadamente abrupta, y así la registran los evangelios en cada una de sus páginas. Los fariseos andan continuamente detrás de sus pasos, reprochándole esto y aquello.

«¿Por qué come vuestro maestro con publicanos y pecadores?». (Mt. 9, 11).
«¿Por qué mientras los discípulos de Juan y los discípulos de los fariseos ayunan, tus discípulos no ayunan?». (Mc. 2, 18).
«¿Quién es este que dice blasfemias?». (Lc. 5, 21).

Reproches como los precedentes, son sólo algunas de las «lindezas» con las que los fariseos obsequian a Jesús por donde quiera que pase y va. Este, sin embargo, no se arredra y responde dedicándoles las más duras diatribas que vemos salir de su boca, alguna de las cuales con palabras tan gruesas como las que rezan:

«¡Ay de vosotros, escribas y fariseos hipócritas, que cerráis a los hombres el Reino de los Cielos! Vosotros ciertamente no entráis; ¡y a los que están entrando no les dejáis entrar! [...]
¡Ay de vosotros, escribas y fariseos hipócritas, que pagáis el diezmo de la menta, del aneto y del comino y descuidáis lo más importante de la Ley: la justicia, la misericordia y la fe! [...] ¡Guías ciegos, que coláis el mosquito y os tragáis el camello!
¡Ay de vosotros escribas y fariseos hipócritas, pues sois semejantes a sepulcros blanqueados, que por fuera parecen bonitos, pero por dentro están llenos de huesos de muertos y de toda inmundicia! ¡Así también vosotros, por fuera aparecéis justos ante los hombres, pero por dentro estáis llenos de hipocresía y de iniquidad!» (Mt. 23,13-28).

La discrepancia entre Jesús y los fariseos va a versar sobre dos puntos fundamentales. El primero de ellos, el cumplimiento de la ley en sus aspectos más formalistas, cosa contra el cual se manifiesta Jesús:

«Los fariseos y los escribas le preguntan: "¿Por qué tus discípulos no viven conforme a la tradición de los antepasados, sino que comen con manos impuras?" Él les dijo: "Bien profetizó Isaías de vosotros, hipócritas, según está escrito: 'Este pueblo me honra con los labios, pero su corazón está lejos de mí. En vano me rinden culto, ya que enseñan doctrinas que son preceptos de hombres'. «Dejando el precepto de Dios, os aferráis a la tradición de los hombres.". Les decía también: "¡Qué bien violáis el mandamiento de Dios, para conservar vuestra tradición!"». (Mc. 7, 5-9).

Uno de los aspectos concretos en el que este debate sobre el cumplimiento formal de la ley se hace más rancio es el relativo a la observancia del estricto descanso sabático, ordenado en la Ley:

«Guardad el sábado, porque es sagrado para vosotros. El que lo profane morirá. Todo el que haga algún trabajo en él será exterminado de en medio de su pueblo. Seis días se trabajará, pero el día séptimo será día de descanso completo, consagrado a Yahvé. Todo aquel que trabaje en sábado, morirá» (Ex. 31, 14-15).

Incuestionable entre los fariseos hasta extremos que hoy día consideran ridículos incluso buena parte de la sociedad judía. Sólo a modo de ejemplo, la prohibición de algo tan elemental como encender la chimenea en sábado (cf. Ex. 35, 3). La observancia del sábado provoca discusiones tan triviales como ésta:

«En aquel tiempo cruzaba Jesús un sábado por los sembrados. Y sus discípulos sintieron hambre y se pusieron a arrancar espigas y a comerlas. Al verlo los fariseos, le dijeron: "Mira, tus discípulos hacen lo que no es lícito hacer en sábado.". Pero él les dijo: "¿No habéis leído lo que hizo David cuando sintió hambre él y los que le acompañaban, ¿cómo entró en la Casa de Dios y comieron los panes de la Presencia, que no le era lícito comer a él, ni a sus compañeros, sino sólo a los sacerdotes? ¿Tampoco habéis leído en la Ley que en día de sábado los sacerdotes, en el Templo, quebrantan el sábado sin incurrir en culpa? Pues yo os digo que hay aquí algo mayor que el Templo. Si hubieseis comprendido lo que significa 'Misericordia quiero, que no sacrificio'", no condenaríais a los que no tienen culpa». (Mt. 12, 1-7).

Las palabras de Jesús no pueden ser más provocativas que cuando proclama de sí mismo:

«Porque el Hijo del hombre es señor del sábado». (Mt. 12, 8)

En consecuencia, con las cuales Jesús practica no pocos milagros en sábado. Los evangelistas dan cuenta al menos de cuatro: el de la curación del hombre de la mano seca (cf. Mt. 12, 10-14); el de la de la mujer encorvada (Lc. 13, 10-17); el de la del hidrópico (Lc. 14, 1-6); el de la del hombre enfermo de la piscina de Betzatá (Jn. 5, 1-18), todos los cuales, sin excepción, provocan las más agrias diatribas de los fariseos contra el maestro galileo.

El segundo aspecto que enrarece la relación entre Jesús y los fariseos es la intitulación de este como el mesías esperado por los judíos. Y es que, a pesar de que los fariseos profesan encendidamente la creencia en el advenimiento de un mesías salvador en algún momento de la historia, posiblemente incluso próximo, en ningún momento aceptan contemplar la eventualidad de que ese mesías sea precisamente Jesús. Jesús intenta convencerles de ello:

«Estando reunidos los fariseos, les propuso Jesús esta cuestión: "¿Qué pensáis acerca del Cristo [Cristo no significa otra cosa que mesías]? ¿De quién es hijo?" Dícenle: "De David." Díceles: "Pues ¿cómo David, movido por el Espíritu, le llama Señor, cuando dice: 'Dijo el Señor a mi Señor: Siéntate a mi diestra hasta que ponga a tus enemigos debajo de tus pies'. Si, pues, David le llama Señor, ¿cómo puede ser hijo suyo?" Nadie era capaz de contestarle nada; y desde ese día ninguno se atrevió ya a hacerle más preguntas» (Mt. 22, 41-46).

Pero lo cierto es que, aunque consiga persuadir de condición tal a muchos otros judíos, nunca logra que le acepten como tal los fariseos:

> «Y muchos entre la gente creyeron en él y decían: "Cuando venga el Cristo, ¿hará más signos que los que ha hecho este?" Se enteraron los fariseos de que la gente hacía estos comentarios acerca de él y enviaron guardias para detenerle [...]
> Los guardias volvieron a los sumos sacerdotes y los fariseos. Éstos les dijeron: "¿Por qué no le habéis traído?" Respondieron los guardias: "Jamás un hombre ha hablado como habla ese hombre." Los fariseos les respondieron: "¿Vosotros también os habéis dejado embaucar? ¿Acaso ha creído en él algún magistrado o algún fariseo? Pero esa gente que no conoce la Ley son unos malditos".» (Jn. 7, 31-49).

Y todo ello, aún a pesar de que, después de todo, no son pocos los puntos que Jesús tiene en común con el grupo al que nos estamos refiriendo: el primero, su respeto por la Ley mosaica, sobre la que, al fin y a la postre, no es otro que Jesús quien declara:

> «Más fácil es que el cielo y la tierra pasen que no que caiga un ápice de la Ley». (Lc. 16, 17).

Junto a él, otros tales como su extraordinario y prolijo conocimiento de las escrituras; el hecho de predicar en las sinagogas —«Recorría Jesús toda Galilea, enseñando en sus sinagogas» (Mt. 4, 23)—, lugar igualmente frecuentado por los fariseos; pero también y no menos, determinados conceptos de gran importancia en la ideología de unos y de otro: la creencia mesiánica, la fe en la vida eterna, la esperanza en la existencia de un premio y de un castigo en el más allá, etc.

En más de un pasaje del Evangelio, los fariseos demuestran un acendrado interés en departir con Jesús. Fariseo es Nicodemo que, a toda costa, y aún en la clandestinidad de la noche, se juega el tipo para parlamentar con el maestro de Galilea (cf. Jn. 3, 1-21); se lo vuelve a jugar dando la cara por él ante los demás fariseos (cf. Jn. 7, 50-52); y al final, cuando todo ha terminado, aporta los aceites con los que se embalsama el cuerpo de Jesús descendido de la cruz (cf. Jn. 19, 39).

En otro pasaje vemos como «un fariseo le rogó que comiera con él» (Lc. 7, 36), lo que se repite por lo menos dos veces más (ver Lc. 11, 37; Lc. 14, 1). En otro momento, unos fariseos no pueden reprimir aplaudir a Jesús cuando con una de sus rápidas respuestas calla la boca a los saduceos:

> «Algunos de los escribas [generalmente fariseos] le dijeron: "Maestro, has hablado bien."». (Lc. 20, 39).

Y en otro pasaje, tan desconocido como inesperable, fariseos son los que salvan la vida de Jesús:

> «En aquel mismo momento, se acercaron algunos fariseos y le dijeron [a Jesús]: "Sal y vete de aquí, porque Herodes [se trata de Herodes Antipas, el mismo que ya había hecho decapitar al Bautista] quiere matarte"» (Lc. 13, 31).

Una vez desaparecido Jesús del escenario, otro fariseo, Gamaliel (maestro, por cierto, de Pablo), realiza en el Sanedrín una encendida defensa de los apóstoles, una vez que son apresados por los judíos:

> «Entonces se levantó en el Sanedrín un fariseo llamado Gamaliel, doctor de la ley, con prestigio ante todo el pueblo. Mandó que hicieran salir un momento a aquellos hombres, y les dijo: "Israelitas, mirad bien lo que vais a hacer con estos hombres. Porque hace algún tiempo se presentó Teudas, que pretendía ser alguien y al que siguieron unos cuatrocientos hombres; fue muerto y todos los que le seguían se disgregaron y quedaron en nada. Después de este, en los días del empadronamiento, se presentó Judas el Galileo, que arrastró al pueblo en pos de sí; también este pereció y todos los que le habían seguido se dispersaron. Ahora, pues, os digo: Desentendeos de estos hombres y dejadlos. Porque si este plan o esta obra es de los hombres, fraca-

sará; pero si es de Dios, no conseguiréis destruirlos. No sea que os encontréis luchando contra Dios." Y aceptaron su parecer» (cf. Hch. 5, 34- 39).

Fariseo es también uno de los más importantes seguidores de Jesús, Pablo, según declara nadie sino él sobre sí mismo:

> «Circuncidado el octavo día; del linaje de Israel; de la tribu de Benjamín; hebreo e hijo de hebreos; en cuanto a la Ley, fariseo. (Flp. 3, 5).

Que una vez desaparecido Jesús sigue existiendo una gran permeabilidad entre cristianos y fariseos lo demuestra el libro de los Hechos, que no se priva de mencionar a aquéllos de la «secta de los fariseos, que habían abrazado la fe» (Hch. 15, 5). Por no ser, ni siquiera es descartable que el gran conocimiento que Jesús demuestra sobre los fariseos y también la mutua antipatía que se profesan uno y otros, sean debidas a una posible militancia de Jesús, en algún momento de su vida —y su eventual deserción—, en el grupo que con mayor frecuencia es objeto de sus diatribas.

2.2. LOS FARISEOS, ¿RESPONSABLES DE LA MUERTE DE JESÚS?

Y bien, todo esto dicho, la pregunta que se plantea es la siguiente: ¿están o no están los fariseos detrás de la muerte de Jesús?

La respuesta se presenta clara en cualquiera de los evangelios al que nos dirijamos: sí; sin lugar a duda, sí. En Juan, el momento en el que los fariseos deciden resueltamente que es necesario eliminar al maestro galileo de la escena es muy tardío y data de los últimos días de Jesús. El Galileo acaba de resucitar a su amigo Lázaro muy cerca de la Pascua y muy cerca de Jerusalén, y ello, como es fácil de imaginar, provoca un aumento importante de sus adeptos:

> «Entonces los sumos sacerdotes y los fariseos convocaron consejo y decían: "¿Qué hacemos? Porque este hombre realiza muchos signos.

Si le dejamos que siga así, todos creerán en él y vendrán los romanos y destruirán nuestro Lugar Santo y nuestra nación." [...] Desde este día, decidieron darle muerte» (Jn. 11, 47-53).

Es muy significativo de la escena que diga Juan que «convocaron consejo», lo que quiere decir que la conspiración en cuestión no es informal, sino que tiene lugar probablemente con todos los confabulados «constituidos en Sanedrín». Desde el punto de vista judicial puede decirse que se trató de un verdadero juicio en ausencia.

En los Sinópticos, el momento de la confabulación contra Jesús es bastante anterior, y data de la primera discusión que Jesús y fariseos mantienen sobre la observancia del sábado, en los albores del ministerio de Jesús:

> «Pero los fariseos, en cuanto salieron, se confabularon contra él para eliminarle» (Mt. 12, 14; similar en Mc. 3, 6, aunque Marcos habla de la participación en la confabulación de los herodianos; y en Lc. 6, 11, donde, aunque se pone de manifiesto la preocupación farisea frente a Jesús, no se habla propiamente de eliminar a Jesús sino de «qué hacer" con él).

A partir de ese momento la persecución no conoce fin:

> «Cuando salió de allí, comenzaron los escribas y fariseos a acosarle implacablemente y hacerle hablar de muchas cosas, buscando con insidias, cazar alguna palabra de su boca» (Lc. 11, 53-54).

Marcos va un paso más allá y nos habla de una confabulación aún más extensa, un tanto extraña, a decir verdad, de la que forma parte un segundo grupo:

> «En cuanto salieron los fariseos, se confabularon con los herodianos contra él para ver cómo eliminarle» (Mc. 3, 6).

En lo que se refiere propiamente a la detención de Jesús, la responsabilidad de los fariseos sigue apareciendo muy clara en Juan:

> «Judas pues, llega allí con la cohorte [guardia romana] y los guardias enviados por los sumos sacerdotes y fariseos.» (Jn. 18, 3).

No así en los Sinópticos, ninguno de los cuales se refiere a una participación farisea en el comando que detiene al profeta de Nazaret.

Determinado el grado de responsabilidad de los fariseos en la persecución y detención de Jesús, queda aún una pregunta en el tintero: ¿participaron de manera efectiva y directa también en el juicio y condena que se le siguió en el Sanedrín?

Los evangelios, ninguno de los cuatro, menciona explícitamente la participación de fariseos en dicho juicio, lo que exculparía al grupo, al menos en lo relativo a la sentencia. No debemos olvidar, sin embargo, que uno de los tres estamentos representados en el Sanedrín, junto con el de los sumos sacerdotes y el de los ancianos, es el de los escribas de la ley, y en segmento tal, la presencia farisea debía de ser efectivamente grande. Hasta dieciocho veces se utiliza en el Evangelio la locución «escribas y fariseos» identificando a unos y otros; el propio Jesús en persona se refiere a los fariseos junto con los escribas con bastante frecuencia, identificación que permite sospechar que alrededor de un tercio, probablemente más —no desde luego el sumo sacerdote, a quien tendremos ocasión de referirnos—, de los componentes del tribunal judío eran de adscripción farisea.

Mateo por último (y solamente Mateo), registra una última intervención farisea en todo el proceso de persecución de Jesús que concluye con su condena y crucifixión. Es la siguiente:

> «Al otro día, el siguiente a la Preparación, los sumos sacerdotes y los fariseos se reunieron ante Pilato y le dijeron: "Señor, recordamos que ese impostor dijo cuando aún vivía: `A los tres días resucitaré.' Manda, pues, que quede asegurado el sepulcro hasta el tercer día, no sea que vengan sus discípulos, lo roben y digan luego al pueblo: `Resucitó de entre los muertos', y la última impostura sea peor que la primera."» (Mt. 27, 62-64).

Todo esto dicho, y a modo de resumen, de la relación de los fariseos con Jesús hay que extraer, por lo menos, dos conclusiones importantes.

En primer lugar, que no fue unánime: si desde un sector del fariseísmo la aversión por la figura de Jesús es tan cierta como insuperable, desde otro sector diferente se percibe una permeabilidad indiscutible hacia el mensaje del Nazareno.

En segundo lugar, que tuvo que ver más con la cercanía y la afinidad, que, con la lejanía y la incompatibilidad, algo que podemos contemplar tantas veces en la vida cotidiana y no digamos en la disputa política.

Y todo ello, en un doble aspecto. Primero, desde el punto de vista ideológico, esto es, el contenido de sus enseñanzas, donde la rivalidad no versa propiamente sobre la vigencia de la Ley que ninguno de los dos cuestiona, como sobre aspectos diríamos secundarios, la rigidez formal en la que los fariseos ponen el acento frente al enfoque teleológico que predomina en Jesús. Segundo, desde el punto de vista estratégico, esto es, el público al que uno y otros se dirigen, público que, no olvidemos, es —excepción hecha de algunos segmentos que podríamos llamar «contaminados», prostitutas, publicanos, a los que Jesús se dirige, pero los fariseos desprecian indisimuladamente (cf. Mc. 2, 15)— prácticamente el mismo, el de los am-ha arets, los pobres y desvalidos de la sociedad judía, a los que, al igual que Jesús, los fariseos no hacen ascos en absoluto, conscientes de que su ascendiente sobre dicho sector es la base del gran poder y predicamento del que disfrutan también ante los poderosos.

Algunos autores radicales en el escepticismo sobre la veracidad de los evangelios (B. L. Mack, E. P. Sanders, P. Fredriksen) sostienen que la rivalidad entre Jesús y los fariseos no existió en absoluto, o fue menor, y que es una mera invención de los autores canónicos, los cuales, en cambio, si hubieran tenido la oportunidad de participar en dicha rivalidad por hacerse con el liderazgo de lo que quedaba del disperso y derrotado pueblo judío. La hipótesis de laboratorio carece de soporte en las fuentes originales, ni siquiera en aquélla que más motivos habría tenido para hacerse eco de ella, el Talmud de los judíos, escrito por los sucesores de los fariseos. Sin llegar a esos extremos de escepticismo, sí da la impresión en cambio de que la cercanía de Jesús y los fariseos, y el conocimiento que de uno y otros sobre el adversario presentan los textos es, a veces, tan grande, que ni siquiera es de rechazar sin mayor análisis la eventualidad de que, en algún momento de su vida extraevangélica, Jesús hubiera podido mantener una relación más estrecha y hasta amistosa con los fariseos que aquélla que presenciamos en los textos canónicos.

3. Los saduceos

El segundo grupo judío de los mencionados en los evangelios que cabe incluir en la nómina de los enemigos de Jesús es el de los saduceos, ideológicamente caracterizados por no creer en la inmortalidad de las almas, según nos cuenta Josefo:

> «Su doctrina enseña que las almas se desintegran al mismo tiempo que los cuerpos» (Ant. 18, 1, 2).

Y nos confirma Mateo:

> «Unos saduceos, esos que niegan que haya resurrección» (Mt. 22, 23).

Los saduceos deben muy probablemente su nombre al sacerdote Sadoq (cf. 1Re. 4, 4), cuyos descendientes desempeñan el cargo sacerdotal desde los tiempos de Salomón durante el período del Primer Templo, y también durante el del Segundo Templo hasta el año 171 a. C. Si bien, tal vez, sea más correcto diferenciar entre sadoquitas, que serían propiamente el grupo que acabamos de describir; y saduceos, que sería el grupo político procedente de la resistencia al advenimiento al poder del sumo sacerdote impuesto por los asmoneos, Jonatán Macabeo, a partir del año 152 a. C., el cual presenta como cartas credenciales de legitimación a la jefatura del Templo, precisamente, la sucesión de los sadoquitas, a pesar de que no parece que le unieran, propiamente, vínculos de sangre con ellos.

Desde el punto de vista que aquí nos interesa, lo más importante de cuanto podemos decir de los saduceos son dos cosas. Primero, que conforman el partido judío, desde el punto de vista religioso, menos rigorista, limitándose a cumplir con las prescripciones estrictamente emanadas de la Torah o ley escrita —el Pentateuco, en definitiva—, y no entrando en las disquisiciones relativas a la estricta ley oral en la que tan sobremanera ponían el acento los fariseos. De su credo religioso dice Josefo:

> «Y ellos no se preocupan de observar ninguna otra cosa que las leyes [se refiere a la Torah en contraposición a la ley oral], puesto que consideran una virtud discutir a los maestros las enseñanzas que éstos pretenden hacer prevalecer» (Ant. 18, 1, 2).

Segundo, que se hallan perfectamente aposentados en el poder, por lo que componen también, el grupo mejor instalado bajo el yugo invasor romano, con el que convive en relativa armonía. Residen y se desenvuelven en Jerusalén y sólo en Jerusalén, donde con toda probabilidad, ocupan las casas palaciegas del norte de la ciudad, de cuyos restos tanto estamos conociendo por las excavaciones arqueológicas realizadas desde 1969 por Nahman Avigad; y trabajan para las instituciones de gobierno religioso y civil, el Templo, el Sanedrín —solamente para estas instituciones podrían trabajar según Flavio Josefo hasta veinte mil personas—, puede que incluso para aquéllas que tienen que ver con la administración romana.

De todo ello, nos da cuenta Josefo:

> «Esta doctrina [la de los saduceos] es admitida por pocos hombres, aunque estos pocos son los que ocupan los puestos principales» (Ant. 18, 1, 2).

Y mejor aún Lucas, quien, en su libro de los Hechos, en hasta tres ocasiones refiere la vinculación existente entre los saduceos y las importantísimas instituciones judías del Templo y el Sanedrín, ninguna de las cuales los romanos han cuestionado o atacado, demostrando lo bien instalados que se hallan en ambas. La primera de ellas, cuando refiere la detención de Pedro y de Juan al poco de desaparecer Jesús:

«Estaban hablando al pueblo [Pedro y Juan], cuando se les presentaron los sacerdotes, el jefe de la guardia del Templo y los saduceos, indignados porque enseñaban al pueblo y anunciaban en la persona de Jesús la resurrección de los muertos. Les echaron mano y les pusieron bajo custodia hasta el día siguiente, pues caía ya la tarde» (Hch. 4, 1-3).

La segunda cuando refiere una nueva detención de los apóstoles, poco posterior:

«Entonces intervino el sumo sacerdote y todos los suyos, los de la secta de los saduceos; y llenos de envidia, echaron mano a los apóstoles y los metieron en prisión públicamente» (Hch. 5, 17-18).

Por cierto que, en ambas ocasiones —ocurridas las dos antes del año 36 d. C.—, y según sabemos por Flavio Josefo, el sumo sacerdote es Caifás.

«Y Vitelio, tras presentarse en Judea [cosa que acontece el año 36, pues está hablando de cuando cesa en el cargo a Poncio Pilato tras los sucesos de Samaria], depuso del cargo de sumo sacerdote a Josefo, de sobrenombre Cafayás [sic], y nombró en su lugar a Jonatas, hijo de Anán, que también había sido sumo sacerdote» (Ant. 18, 4, 3).

Trátase del mismo Caifás que mandó condenar a Jesús, saduceo pues, según cabe obtener como conclusión de los relatos cruzados de Josefo y de Lucas.

Y la tercera cuando narra la detención de Pablo (Hch. 23, 1-10), la cual degenera en colosal bronca entre saduceos y fariseos, cosa que debe de acontecer hacia el año 57-58. Y aunque ha transcurrido más de un cuarto de siglo desde que fuera crucificado Jesús, podemos dar por bueno que la situación en el Sanedrín es muy parecida a la que conoció el maestro de Galilea.

Todo esto dicho, no es difícil entresacar que la antipatía saducea por la figura de Jesús no estaría tanto relacionada con una cuestión ideológica, perspectiva desde la cual uno y otros incluso podrían compartir algunos postulados, tales como v. gr. su desprecio por el rigor formalista de la ley, como con una cuestión política, derivada del miedo saduceo a las consecuencias de cualquier cambio brusco del statu quo.

Entre los evangelistas hay dos posiciones sobre los saduceos: la de Juan, que los ignora por completo y no se refiere a ellos en una sola ocasión; y la de Mateo, el más concernido por el papel que asumen en los hechos que conducen al fatal desenlace de Jesús, el cual los cita en siete ocasiones que se corresponden con cinco episodios diferentes. Marcos y Lucas se limitan a transcribir uno de los episodios de Mateo, si bien Lucas, como hemos tenido ocasión de ver, nos brinda en su otro libro, los Hechos de los Apóstoles, inmejorables datos para conocerlos. Cita Mateo, para empezar, el desprecio que la secta le merece a Juan Bautista, y la amenaza que este vierte sobre ellos:

«Acudía entonces a él Jerusalén, toda Judea y toda la región del Jordán, y eran bautizados por él en el río Jordán, confesando sus pecados. Pero viendo venir muchos fariseos y saduceos a su bautismo, les dijo: "Raza de víboras, ¿quién os ha enseñado a huir de la ira inminente? Dad, pues, fruto digno de conversión, y no creáis que basta con decir en vuestro interior: `Tenemos por padre a Abrahán'; porque os digo que puede Dios de estas piedras suscitar hijos a Abrahán. Ya está el hacha puesta a la raíz de los árboles; y todo árbol que no dé buen fruto será cortado y arrojado al fuego». (Mt. 3, 5-10).

3.1. JESÚS Y LOS SADUCEOS

Siempre según Mateo, Jesús no es menos explícito que el Bautista en lo que a los saduceos se refiere:

«Jesús les dijo [a los apóstoles]: "Abrid los ojos y guardaos de la levadura de los fariseos y saduceos".» (Mt. 16, 6).

Mateo es el que relata las dos trampas que los saduceos intentan poner al inteligente maestro galileo, de ambas cuales, por cierto, salen escaldados.

La primera tiene lugar en Magadán, junto al lago Tiberíades, faltan aún unos meses para la Pascua que será su última, y Jesús, según siempre el relato de Mateo, ni siquiera ha hecho todavía a sus discípulos la gran revelación de que él es el verdadero mesías:

«Se acercaron los fariseos y saduceos y, para ponerle a prueba, le pidieron que les mostrase un signo del cielo. Mas él les respondió: "Al atardecer decís: `Va a hacer buen tiempo, porque el cielo tiene un rojo de fuego', y a la mañana: `Hoy habrá tormenta, porque el cielo tiene un rojo sombrío.' ¡Conque sabéis discernir el aspecto del cielo y no podéis discernir los signos de los tiempos! ¡Generación malvada y adúltera! Un signo pide y no se le dará otro signo que el signo de Jonás." Y dejándolos, se fue» (Mt. 16, 1-4).

Se da una circunstancia curiosa en este encuentro, y es que constituye la única vez en los evangelios que Jesús se topa con los saduceos fuera de Jerusalén, lo que nada tiene de particular, habida cuenta de cuanto hemos dicho sobre la vinculación saducea a la ciudad santa y a sus instituciones.

La segunda trampa saducea de las dos que hablábamos arriba tiene lugar en circunstancias muy diferentes, pues Jesús se halla ya en Jerusalén, en la que ha de ser su última Pascua. El evento ocurre muy probablemente el lunes anterior al viernes fatídico, y forma parte, claramente, de los intentos desesperados en los que se hallan embaucados fariseos y saduceos para pillar al maestro galileo en alguna palabra inconveniente que facilite una detención y una condena que ya están decididas de antemano:

«Aquel día se le acercaron unos saduceos, esos que niegan que haya resurrección, y le preguntaron: "Maestro, Moisés dijo: Si alguien muere sin tener hijos, su hermano se casará con la mujer de aquél para dar descendencia a su hermano. Ahora bien, había entre nosotros siete hermanos. El primero se casó y murió; y, no teniendo descendencia, dejó su mujer a su hermano. Sucedió lo mismo con el segundo, y con el tercero, hasta los siete. Después de todos murió la mujer. En la resurrección, pues, ¿de cuál de los siete será mujer? Porque todos la tuvieron." Jesús les respondió: "Estáis en un error, por no entender las Escrituras ni el poder de Dios. Pues en la resurrección, ni ellos tomarán mujer ni ellas marido, sino que serán como ángeles en el cielo. Y en cuanto a la resurrección de los muertos, ¿no habéis leído lo dicho por Dios: Yo soy el Dios de Abrahán, el Dios de Isaac y el Dios de Jacob. No es un Dios de muertos, sino de vivos.". Al oír esto, la gente se maravillaba de su doctrina» (Mt. 22, 23-33; similar en Mc. 12, 18-27; Lc. 20, 27-40).

Existe todavía una tercera trampa considerada «saducea», la más interesante de todas desde el punto de vista dialéctico. Nos la relata Lucas:

> «Le enviaron unos espías, que fingieran ser justos, para sorprenderle en alguna palabra y poderle entregar al poder y autoridad del procurador. Y le preguntaron: "Maestro, sabemos que hablas y enseñas con rectitud y que no tienes en cuenta la condición de las personas, sino que enseñas con franqueza el camino de Dios: ¿Nos es lícito pagar tributo al César o no?" Pero él, habiendo conocido su astucia, les dijo: "Mostradme un denario. ¿De quién lleva la imagen y la inscripción?" Ellos dijeron: "Del César." Él les dijo: "Pues bien, lo del César devolvédselo al César, y lo de Dios a Dios."». (Lc. 20, 20-25).

El episodio es muy curioso, porque cada evangelista le atribuye protagonistas diferentes. En Mateo, los que le ponen la trampa a Jesús son «los fariseos» (cfr. Mt. 22, 15). En Marcos es un grupo mixto formado de «fariseos y herodianos» (cfr. 12, 13). Y en Lucas es también un grupo mixto, pero de «escribas y sumos sacerdotes» (Lc. 20, 19). Los únicos que no son mencionados nunca por su nombre son, precisamente, los saduceos, aunque quepa entenderlos incluidos, en el relato de Lucas, entre los sumos sacerdotes.

Los ataques de Jesús contra los saduceos son, desde luego, menos frecuentes que los que dirige contra los fariseos, entre otras cosas porque, como ya se ha dicho, tiene menos oportunidades de encontrárselos en su camino. Pero no por ello, son menos frontales: bien ilustrativo de lo dicho es la violenta expulsión por Jesús de los mercaderes del Templo, gobernado en la época por los saduceos.

3.2. LOS SADUCEOS Y LA MUERTE DE JESÚS

Todo esto dicho, nos formulamos la misma pregunta que nos hemos formulado más arriba a propósito de los fariseos: ¿estuvieron o no estuvieron los saduceos detrás de la muerte de Jesús? Aceptado que el sumo sacerdote Caifás era saduceo y que también lo eran muchos de los miembros del Sanedrín, la respuesta es una vez más favorable, hasta tal punto que no es probablemente erróneo afirmar que los saduceos fueron los que con más ahínco buscaron la muerte de Jesús, más incluso que los fariseos. Buena prueba de ello, las palabras del saduceo Caifás, probablemente el segundo hombre más poderoso después de Pilatos en la provincia de Judea:

«Vosotros no sabéis nada ni caéis en la cuenta de que os conviene que muera uno solo por el pueblo y no perezca toda la nación» (Jn. 11, 49-50).

Y no menos, el pasaje en el que se relata la conspiración saducea para acabar con Jesús de la manera más expeditiva:

«Entonces los sumos sacerdotes y los ancianos del pueblo se reunieron en el palacio del sumo sacerdote, llamado Caifás, y resolvieron prender a Jesús con engaños y darle muerte» (Mt. 26, 3-4).

Obsérvese que en este revelador pasaje en el que miembros del Sanedrín se reúnen con el sumo sacerdote Caifás, se habla de dos de los estamentos que componen aquel tribunal, sumos sacerdotes y ancianos, pero no del tercero, los escribas, lo que si por un lado cuadra bien con la impresión que los textos canónicos nos transmiten de que de los tres estamentos del Sanedrín, uno de ellos, los escribas, estaba dominado por los fariseos, en tanto que los otros dos, sumos sacerdotes y ancianos, lo estaban por los saduceos, por otro demuestra que los evangelistas hilan fino en su relato y poco de lo que dicen es casual.

O aquél otro pasaje que relata el papel que desempeñan los saduceos intentando influir en el populacho congregado ante el palacio de Pilatos, mientras el procurador romano se desgañitaba tratando de encontrar un argumento que pluguiese a los muchos congregados ante su palacio para soltar a un Jesús al que no encuentra culpable:

> «Pero los sumos sacerdotes y los ancianos [generalmente saduceos según hemos visto], lograron persuadir a la gente que pidiese [...] la muerte de Jesús» (Mt. 27, 20).

Marcos carga dicha responsabilidad sobre los sumos sacerdotes en exclusiva (cf. Mc. 15, 11), descargando de ella a los ancianos; en Lucas no hay tal envenenamiento por parte de los sacerdotes; y en Juan el pueblo no participa, ventilándose el juicio entre Pilatos y los sumos sacerdotes. Un cometido tan denigrante y vil que ya hemos tenido ocasión de ver que en lo que concretamente se refiere al mismo, los fariseos parecen preferir permanecer al margen y no participar.

Si tuviéramos que hacer un resumen, nos hallamos, en el caso de los saduceos, ante unos irreconciliables enemigos de Jesús. Una enemistad derivada no tanto de una cuestión ideológica, sino más bien de tipo político: el temor a que el movimiento impulsado por el profeta galileo pudiese llegar a redundar en un cambio en el statu quo imperante, muy favorable, como hemos visto, a los saduceos.

4. El estamento real

La situación en la que se halla Palestina durante el período de Jesús e inmediatamente anterior es muy compleja. Desde la irrupción de los romanos en el territorio con la expedición de Pompeyo en el año 63 a. C., Israel padece el yugo de una dinastía títere avalada por el Imperio a la que la historia conoce con el nombre de «idumea», en atención al origen, Idumea, de sus primeros titulares, Antípatro y su hijo Herodes, y sumamente impopular entre los judíos.

Una impopularidad que deriva, por un lado, de su origen extranjero —tal es considerada en Judea, la región de Idumea con la que colinda al sur—. Y, sobre todo, por su escasa judaización.

Para congraciarse con sus súbditos, el gran rey Herodes, que reinará sobre la totalidad del territorio palestino, ampliará el Templo de Jerusalén hasta convertirlo en uno de los grandes edificios de todo el Imperio, por no decir el mayor. Téngase en cuenta que aún no existe el Coliseo, que será terminado de construir en el año 80, y gracias, justamente, o por lo menos en parte, al tesoro del destruido Templo. Lo que no impide al tirano, sin embargo, ponerle otra vela a los dioses a los que debe el trono, los romanos, construyendo tanto en Cesarea, como en Sebaste, capital de Samaria, templos paganos dedicados a su padrino, el emperador Augusto. Lo que da buena cuenta del eclecticismo que, en lo relativo a política y religión, se gastan los componentes de la dinastía.

El territorio, una vez muerto Herodes el Grande en el año 4 a. C., queda dividido en lo que se da en llamar «tetrarquías», cuatro como su propio nombre indica, aquéllas a las que se refiere Lucas cuando, intentando poner en contexto histórico el ministerio de Jesús, nos brinda los hitos que interesan a un historiador para ello:

> «En el año quince del imperio de Tiberio César, siendo Poncio Pilato procurador de Judea; Herodes tetrarca de Galilea; Filipo, su hermano, tetrarca de Iturea y de Traconítida, y Lisanias tetrarca de Abilene» (Lc. 3, 1).

De menor a mayor importancia para nuestro estudio, la primera de esas tetrarquías, la más septentrional, la recibe Lisanias, rey que menciona Lucas y algunas inscripciones cerca de Abií, pero también Josefo, una tetrarquía que se extiende por Abilene, cerca del Líbano.

La segunda de ellas la recibe Felipe (4 a. C.-33 d. C.), y abarca la Traconítida e Iturea, regiones tan judaizadas como helenizadas.

La tercera de las tetrarquías, la recibe Herodes Antipas (4 a. C.-39 d. C.), y se extiende por Galilea, región llena de gentiles, donde se halla la ciudad de Nazaret, en la cual pasa Jesús su infancia.

Y la cuarta, la más meridional, territorialmente hablando la más extensa y políticamente hablando la más importante, la recibe Arquelao (4 a. C.-6 d. C.), y contiene los territorios de Samaria, Judea y Edom, altamente judaizados los dos primeros, algo menos el tercero.

De estos cuatro reyes, el primero no registra más presencia en el Evangelio que la ya mencionada en el de Lucas.

En cuanto al segundo, Felipe, Filipo, con él no haya Jesús mayor problema, hasta el punto de que en su territorio, concretamente cerca de las ciudades de Tiro, Sidón (cf. v.gr. Mt. 15, 21; Mc. 3, 8) hace Jesús periódicas incursiones, y hasta puede que en ellas encuentre un remanso de paz en los momentos en los que se siente más amenazado. Cerca de Cesarea de Filipo, capital del territorio (cf. Mt. 16, 13-20; Mc. 8, 27-30) instituye a Pedro su sucesor. Este Felipe merece a Josefo una opinión muy favorable:

«Y Filipo (que era hermano de Herodes [Antipas]) murió por aquel entonces, en el año vigésimo de la subida de Tiberio al trono después de haber gobernado él durante treinta y siete la Traconítide, la Gaulanítide y además de estas regiones la nación de los bataneos, y de dar a las gentes sobre las que gobernaba un trato comedido y suave» (Ant. 18, 4, 5).

En lo relativo a Arquelao, tampoco va a registrar mayor problema con Jesús, no por su amabilidad, de la que anda muy escaso según registran las fuentes —Flavio Josefo nos relata que su reinado lo abre con una matanza de tres mil judíos (cf. Bell. 2, 4)—, sino por la sencilla razón de que su reinado será muy breve, el más corto de los cuatro. Y es que en el territorio que recibe Arquelao reina la anarquía y la insumisión, no solo contra el yugo del invasor romano, sino también contra la dinastía herodiana, a la que se considera extranjera — de facto es impuesta por los romanos— y poco fiel a la fe judía —de hecho, proviene de Edom, al sur de Judea, territorio poco judaizado—. La situación deviene insostenible para Arquelao, que es finalmente depuesto por el emperador Augusto, quien, tras mandarlo exiliado a Vienne, une su reino a la provincia de Siria bajo el mando del legado Quirinio o Cirino. Quirinio nombra gobernador (llamado comúnmente procurador) de Judea-Samaria, con sede no en Jerusalén sino en Cesarea Marítima, a Coponio—posición que es la que terminará ocupando unos veinticinco años más tarde el famoso Poncio Pilato—, quien, para terminar de revolver la situación, lo primero que hace al tomar posesión de su cargo es imponer un censo para la exacción de impuestos. Este censo, tal y como era de esperar, no queda sin respuesta por parte de los rebeldes judíos, y provoca la que cabe denominar Guerra del Censo propiciada por Judas el Galileo, personaje mencionado en el libro de los *Hechos* (cf. Hch. 5, 36-37). De todo lo cual nos da buena cuenta Josefo que dedica a los personajes y eventos relatados todo el libro 17 de su obra las *Antigüedades*. La presencia de Arquelao en Judea y su fama de crueldad es la que propiciará, según Mateo, que José, el padre de Jesús, al volver del exilio egipcio (cf. Mt. 2, 13-15) que le había sugerido un ángel para escapar de la matanza de infantes ordenada por

Herodes el Grande (cf. Mt. 2, 16-18), se dirija a Galilea y no a Judea, de donde era originario y donde reina el cruel Arquelao.

Y así llegamos al cuarto, el más importante de los cuatro tetrarcas en lo que a nuestro estudio se refiere, con una presencia en el Evangelio de gran importancia. Herodes Antipas recibe la región de Galilea, donde consigue, no sin cierta dosis de crueldad, pero con mucha de habilidad, instaurar un reinado de estabilidad y relativo orden. Pues bien, en su territorio tiene lugar toda la infancia y juventud de Jesús, incluso buena parte de su ministerio, hasta tal punto que, excepción hecha de los dos escasos años de vida de Jesús en los que reina Herodes el Grande (los cuales, según Mateo, los pasa Jesús en Egipto), todo el resto de la vida del maestro de Galilea transcurre durante el reinado de Antipas.

4.1. HERODES ANTIPAS

¿Quién es Herodes Antipas? Antipas es uno de los hijos de Herodes el Grande, hijo a su vez de Mariamme, la esposa favorita de su padre, no obstante, lo cual, la manda matar (curiosa manera de amar la de los idumeos).

De él sabemos mucho gracias a Josefo, quien nos cuenta que es nombrado en el año 4 a. C. tetrarca de Galilea por el emperador Augusto (Bell. 2, 4); que mantiene, y esto es muy importante, una estrechísima relación con el emperador Tiberio (cf. Ant. 18, 3, 1), de quien Josefo lo presenta como su confidente principal en la zona, aun por delante del propio legado de Siria (cf. Ant. 18, 5, 1); que reconstruye la capital de Galilea, Séforis, destruida con motivo de la rebelión del año 6 d. C.; que funda en el año 18 su nueva capital, Tiberíades en honor del emperador, lo cual hace en el asentamiento de un antiguo cementerio, lo que la convierte en ciudad impura a los ojos de los judíos (cf. Ant. 18, 10, 3); que manda decapitar a Juan Bautista (Ant. 18, 5, 2 y testimonios evangélicos); que hace la guerra al rey de los árabes Aretas (Ant. 18, 5, 2); y que, al caer Tiberio y sucederle en el trono imperial Calígula, viaja a Roma para reclamar su entronización como rey —reina, como hemos dicho, a título de tetrarca— y el agrandamiento de su reino, constatando que, contrariamente a lo que le ocurría con Tiberio, no goza del favor imperial con Calígula, cuyo hombre en la zona es Agripa, sobrino de Antipas, y es exiliado a España (Ant. 18, 7; Bell. 2, 8).

Herodes Antipas. Crónica de Nuremberg (1493)

Su reinado, de larga duración, nada menos que cuarenta y cinco años, se ha caracterizado por una relativa estabilidad, solo interrumpida por episodios menores de desorden público (Juan Bautista), y una guerra no excesivamente larga ni cruenta (contra Aretas), y, en el espíritu heredado de su padre, con profusión de obras públicas y fuerte carga fiscal.

4.2. HERODES ANTIPAS Y JESÚS

Y bien, ¿cuál es la relación entre Jesús y el que debe considerarse su rey, Herodes Antipas? Aquí, como ya nos había ocurrido a propósito de los saduceos, el tratamiento que se da al personaje es desigual en cada evangelio. Se puede decir que Herodes Antipas es un personaje «sinóptico», particularmente de Marcos y de Lucas, pues por lo que hace al cuarto evangelista, Juan, este ignora por completo al rey de Galilea, no dignándose a citarlo ni una vez.

Del tratamiento que del tema hacen los sinópticos, conocemos la opinión que a Jesús le merece su monarca: «un zorro», según no tiene inconveniente en decir en voz alta (cf. Lc. 13, 32). Jesús, qué duda cabe, desconfía de Herodes Antipas:

> «Abrid los ojos y guardaos de la levadura de los fariseos y de la levadura de Herodes». (Mc. 8, 15).

Jesús es plenamente consciente de que Herodes quiere eliminarle:

> «En aquel mismo momento se acercaron algunos fariseos y le dijeron: "Sal y vete de aquí, porque Herodes quiere matarte", Él les contestó: "Id a decir a ese zorro: Yo expulso demonios y llevo a cabo curaciones hoy y mañana, y al tercer día soy consumado. Pero conviene que hoy y mañana y pasado siga adelante, porque no cabe que un profeta perezca fuera de Jerusalén"». (Lc. 13, 31-33).

Ahora bien, no sólo de lo que dicen los evangelios, sino también de lo que no dicen, podemos extraer la desconfianza de Jesús hacia el rey de Galilea. Así, en ningún pasaje evangélico se ve entrar a Jesús en ninguna de las principales ciudades sobre las que reina Antipas: ni Séforis, la antigua capital que lo fuera hasta bien avanzada la juventud de Jesús y por cierto, a apenas cinco kilómetros de Nazaret; ni Tiberíades, la nueva capital construida por Antipas, por cierto, a poco mayor distancia de Cafarnaúm, donde vive Jesús cuando inicia su ministerio, reciben la visita del Nazareno y el grupo itinerante que le sigue por doquier.

Y eso que, después de todo, Jesús hasta consigue acceder bien cerca del entorno de su astuto monarca, como bien demuestra Lucas, quien nos informa que una de las mujeres que sigue a Jesús en su periplo por Palestina, incluso ayudándole con sus bienes, es «Juana, mujer de Cusa, un administrador de Herodes» (Lc. 8, 3). O Juan, quien nos habla de aquel funcionario herodiano que se dirige a Jesús con una petición tan especial como ésta:

«Volvió, pues, a Caná de Galilea, donde había convertido el agua en vino. Había un funcionario real, cuyo hijo estaba enfermo en Cafarnaúm. Cuando se enteró de que Jesús había venido de Judea a Galilea, fue a él y le rogaba que bajase a curar a su hijo, porque estaba a punto de morir. Entonces Jesús le dijo: "Si no veis signos y prodigios, no creéis". Le dice el funcionario: "Señor, baja antes que se muera mi hijo". Jesús le dice: «Vete, que tu hijo vive». Creyó el hombre en la palabra que Jesús le había dicho y se puso en camino. Cuando bajaba, le salieron al encuentro sus siervos y le dijeron que su hijo vivía. Él les preguntó entonces la hora en que se había sentido mejor. Ellos le dijeron: "Ayer a la hora séptima le dejó la fiebre". El padre comprobó que era la misma hora en que le había dicho Jesús: "Tu hijo vive", y creyó él y toda su familia. Tal fue, de nuevo, el segundo signo que hizo Jesús cuando volvió de Judea a Galilea» (Jn. 4, 46-53).

Herodes Antipas hace una violenta irrupción en los evangelios, relacionada con san Juan Bautista, a quien manda decapitar:

«Es que Herodes era el que había enviado a prender a Juan y le había encadenado en la cárcel por causa de Herodías, la mujer de su hermano Filipo, con quien Herodes se había casado. Porque Juan decía a Herodes: "No te está permitido tener la mujer de tu hermano". Herodías le aborrecía y quería matarle, pero no podía, pues Herodes temía a Juan, sabiendo que era hombre justo y santo, y le protegía; y al oírle, quedaba muy perplejo, y le escuchaba con gusto.

Y llegó el día oportuno, cuando Herodes, en su cumpleaños, dio un banquete a sus magnates, a los tribunos y a los principales de Galilea. Entró la hija de la misma Herodías, danzó, y gustó mucho a Herodes y a los comensales. El rey, entonces, dijo a la muchacha: "Pídeme lo que quieras y te lo daré". Y le juró: "Te daré lo que me pidas, hasta la mitad de mi reino", Salió la muchacha y preguntó a su madre: "¿Qué voy a pedir?". Y ella le dijo: "La cabeza de Juan el Bautista". Entrando al punto apresuradamente adonde estaba el rey, le pidió: "Quiero que ahora mismo me des, en una bandeja, la cabeza de Juan el Bautista". El rey se llenó de tristeza, pero no quiso desairarla a causa del juramento y de los comensales. Y al instante mandó el rey a uno de su guardia, con orden de traerle la cabeza de Juan. Se fue y le decapitó en la cárcel y trajo su cabeza en una bandeja, y se la dio a la muchacha, y la muchacha se la dio a su madre. Al enterarse sus discípulos, vinieron a recoger el cadáver y le dieron sepultura». (Mc. 6, 17-29; similar a Mt. 14, 3-12; referencia a la decapitación sin relato en Lc. 9, 7-9).

La decapitación de Juan Bautista por Herodes viene confirmada también por fuentes extracristianas, una vez más por Flavio Josefo:

«Tiberio mandó a su legado de Siria a que cumpliera este cometido [atacar a Aretas de Petra, que venía de derrotar a Herodes Antipas]. Pero algunos judíos eran de la opinión de que el ejército de Herodes había perecido por castigo de Dios, quien de esta manera habría castigado muy justamente a Herodes en represalia por la muerte de Juan, de sobrenombre Bautista, a quien efectivamente había matado Herodes, a pesar de ser Juan un hombre bueno, quien recomendaba incluso a los judíos que practicaran las virtudes y se comportaran justamente en las relaciones entre ellos y piadosamente con Dios y que, cumplidas estas condiciones, acudieran a bautizarse, puesto que sólo así él consideraría aceptable su bautizo, no si lo utilizaban para lograr el perdón de sus pecados, sino si acudían a bautizarse únicamente para la purificación corporal y para ninguna otra cosa, al dar por sentado que su alma estaba ya purificada de antemano con la práctica de la justicia. Y como el resto de las gentes se unieran a él (pues sentían un placer exultante por oír sus palabras) Herodes, por temor a que esa enorme capacidad de persuasión que el Bautista tenía sobre las personas le ocasionara algún levantamiento popular (puesto que las gentes daban la impresión de que harían cualquier cosa si él se lo pedía), optó por matarlo, anticipándose así a la posibilidad de que se produjera una rebelión a instancias de él, juzgando este hecho mucho mejor que tener que arrepentirse luego, al encontrarse con problemas tras sufrir un revés. Entonces Juan, tras trasladarse a la ciudad fortaleza de Maquerunte, fue matado en ella. Y los judíos opinaban que el descalabro de sus fuerzas expedicionarias se había producido en represalia por la muerte de hombre tan insigne, al querer Dios castigar así a Herodes» (Ant. 18, 5, 2).

Sabemos también que Herodes conoce bien a Jesús, y probablemente se halla bien informado sobre el periplo que sigue por tierras palestinas:

> «Se enteró el rey Herodes, pues su nombre [el de Jesús] se había hecho célebre» (Mc. 6, 14).

Tanto que cuando finalmente tiene la oportunidad de verse ante él, esto es lo que relata Lucas:

> «Cuando Herodes vio a Jesús se alegró mucho, pues hacía largo tiempo que deseaba verle, por las cosas que oía de él, y esperaba que hiciera algún signo en su presencia» (Lc. 23, 7, 6).

Conocemos también la idea que Antipas tiene sobre Jesús. Según Marcos, Jesús para Herodes es «aquel Juan, a quien yo decapité, ése ha resucitado» (Mc. 6, 16). Mateo aún dice más:

> «Ese es Juan el Bautista; él ha resucitado de entre los muertos, y por eso actúan en él fuerzas milagrosas». (Mt. 14, 1).

Todo esto dicho, ¿cuál es la razón de la aversión que todo un rey puede sentir por un profeta cuyo principal mensaje tiene que ver con el cumplimiento de la ley, el perdón y, en general, la obediencia al gobernante?

Pues bien, para el poder real hebreo, personificado en Herodes Antipas más que en ninguno de sus hermanos, el Nazareno también representa una grave amenaza. Y es que el trono de Antipas no está bien consolidado. Por un lado, ya hemos tenido ocasión de señalarlo, pertenece Antipas a una dinastía, la idumea de Antípatro y Herodes el Grande, no bien aceptada por el pueblo, el cual, por lejanos que fueran ya quedando, nada menos que diez siglos atrás, se aferra al esplendor de los años del mítico rey David.

Por otro lado, el aliado romano que mantiene en el trono a Antipas, le tiene en permanente período de prueba, tanto que, de hecho,

Herodes terminará sus días como su hermano Arquelao, esto es, desterrado en las Galias por el emperador Calígula (cf. Ant. 18, 7, 2).

Pues bien, el mensaje de Jesús es, en este sentido, equívoco; y es que, aunque el Galileo en ningún momento se proclame rey —y en todo caso «su reino no es de este mundo», como sostiene ante Pilato—, algunas gentes llegan a creerle tal. Tanto que no falta quien lo quiera entronizar:

> «Al ver la gente el signo que había realizado decía: "Este es verdaderamente el profeta que iba a venir al mundo". Sabiendo Jesús que intentaban venir a tomarle por la fuerza para hacerle rey, huyó de nuevo al monte él solo» (Jn. 6, 14-15).

Lo que tampoco es extraño: el mesías, el cristo en griego, título que Jesús se arroga a lo largo de todo el Evangelio, término que aparece a lo largo de este en más de medio centenar de ocasiones, no es para los judíos sino un rey llamado a traer la liberación del pueblo de Israel. Hablando del mesías dice Isaías, el primero de los profetas del Antiguo Testamento:

> «Tus ojos contemplarán un rey en su belleza» (Is. 33, 17).

Y como si de un rey se tratara, hace Jesús su apoteósica entrada en Jerusalén, donde las masas enardecidas le gritan:

> «Bendito el rey que viene en nombre del Señor». (Lc. 19, 38).

4.3. LA CONDICIÓN DAVÍDICA DE JESÚS, UNA AMENAZA PARA HERODES

Por eso, cuestión no menor, cuando nos introducimos en las relativas a la familia de Jesús, es la de la condición davídica de dicha familia, en otras palabras, la de su descendencia respecto del mítico rey David de los judíos, aquél que llevó el reino de Israel a su máximo esplendor. El gran profeta del Antiguo Testamento, Isaías, el más depurado teórico del mesianismo, ya adelanta refiriéndose al mesías que ha de venir:

«Saldrá un vástago del tronco de Jesé [Jesé es el padre de David], reposará sobre él el espíritu de Yahvéh». (Is. 11, 1).

«Grande es su señorío [el del mesías] y la paz no tendrá fin sobre el trono de David y sobre su reino» (Is. 9, 6).

La estirpe davídica del Mesías es, de todos los requisitos con los que este debe cumplir repartidos a lo largo de muchos de los libros del Antiguo Testamento y también del género que se da en llamar *apocalíptica apócrifa intertestamentaria*, el más importante, y aquél del que, de hecho, penden muchos otros que se le atribuyen al mesías: así, la unción divina; así, su condición real, por supuesto; así, su nacimiento en Belén, la ciudad de David, etc. La doctrina cristiana arropará a Jesús de otros aspectos del mesianismo que terminarán desplazando en importancia al de su estirpe davídica, hasta casi relegar este al olvido: tal es el caso de su nacimiento de una virgen y gracias a él, o a través de él, el de su condición de hijo de Dios. Pero en el momento en el que Jesús lleva a cabo su ministerio, el requisito davídico es consustancial, y sin él, no hay mesiazgo posible. Su no posesión, de hecho, obrará en contra, por ejemplo, de la candidatura mesiánica de personajes tan venerables y respetados en el judaísmo como los hermanos Macabeo, en quienes el pueblo, aunque ve realmente a unos libertadores, no acaba de ver al mesías por pertenecer aquéllos al linaje de Aarón (tribu de Leví) y no al de David (tribu de Judá). Y como el caso de los Macabeo, el del Judas el Galileo, que hace la revolución del censo del año 6; el de Juan de Giscala que hará la del año 66, y tantos otros. No así, en cambio, en el caso del líder de la revuelta del 132, Jesús Bar Kochba, en quien el Rabbí Aqiba sí llega a reconocer al mesías:

«Rabbí Aqiba, cuando vio a Bar Kochba dijo: "Este es el Rey Mesías"».

Bien que no sin oposición:

«Rabbí Yohanan Ben Torta le dijo: "¡Aqiba! ¡La hierba te crecerá en las mejillas y todavía no habrá venido el Hijo de David!"» (p. Ta'anit 4, 5).

Por eso, de cara a establecer la verdadera condición mesiánica de Jesús, no es poco importante la mención que recogen los dos evangelistas de la infancia, Mateo y Lucas, a propósito de la descendencia davídica de José, el padre de Jesús en la tierra:

«Iban todos a empadronarse, cada uno a su ciudad. Subió también José desde Galilea, de la ciudad de Nazaret, a Judea, a la ciudad de David, que se llamaba Belén, por ser él de la casa y familia de David». (Lc. 2, 3-4).

«David engendró, de la que fue mujer de Urías, a Salomón [cita catorce generaciones y termina] y Jacob engendró a José, el esposo de María». (Mt. 1, 6-16).

Cómo tampoco lo es que Mateo ponga el acento en la misma condición referida ahora directamente a la persona de Jesús:

«Libro de la generación de Jesucristo, hijo de David» (Mt. 1, 1).

Y también lo haga Pablo:

«Acuérdate de Jesucristo, resucitado de entre los muertos, descendiente de David». (2Tm. 2, 8).

Como tampoco es casual la preocupación de la dinastía reinante, la idumea representada en Herodes, ante el nacimiento de ese niño de la estirpe de David, del que le informan los magos de Oriente.

«Unos magos que venían del oriente, se presentaron en Jerusalén diciendo: "¿Dónde está el rey de los judíos que ha nacido? Pues vimos su estrella en el oriente y hemos venido a adorarle". En oyéndolo, el rey Herodes se sobresaltó y con él todo Jerusalén». (Mt. 2, 1-3).

Por eso, una fuente, aunque sea apócrifa, el Protoevangelio de Santiago, se preocupa tanto en hacerse eco de la parecida condición davídica también de María, la madre de Jesús. En él, la criada Judit le dice a Ana, la madre de María:

«Toma este pañuelo de cabeza que me ha dado la dueña del taller, ya que no puedo yo ceñírmelo por ser de condición servil y tener él el sello real [de la casa de David, se entiende]» (Prot. 2, 2).

Con más claridad aún nos lo dice otro apócrifo de la misma familia del Protoevangelio, el Libro de la Natividad de María:

«La bienaventurada y gloriosa siempre virgen María descendía de estirpe regia y pertenecía a la familia de David» (op. Cit. 1, 1).

Por eso no son poco importantes, también, las declaraciones que algunos de los personajes que deambulan por el Nuevo Testamento, hacen en el mismo sentido, cuando se dirigen a Jesús denominándolo «hijo de David». Tal es el caso de la cananea de Tiro que le grita:

«¡Ten piedad de mí, Señor, ¡hijo de David! Mi hija está malamente endemoniada» (Mt. 15, 22).

O el del ciego Bartimeo, cuando en el camino de Jericó a Jerusalén, increpa al profeta galileo al grito de:

«Jesús, hijo de David, ten compasión de mí» (Mc. 10, 47).

Y la del propio Pilato, el procurador romano que lo manda crucificar, cuando en la cabecera de su cruz manda clavar una inscripción en hebreo, latín y griego, en la que decía:

«Jesús el Nazareno, el Rey de los judíos» (Jn. 19, 19)

Una condición que, sin embargo, no queda tan clara en el Evangelio de Juan, donde la única referencia existente sobre la condición davídica de Jesús es este diálogo del maestro galileo con sus revueltos compatriotas:

«Otros decían [de Jesús]: "Este es el Cristo". Pero otros replicaban: "¿Acaso va a venir de Galilea el Cristo? ¿No dice la Escritura que el Cristo vendrá de la descendencia de David y de Belén, el pueblo de donde era David?". Se originó, pues, una disensión entre la gente por causa de él [de Jesús]» (Jn. 7, 41-43).

4.4. HERODES Y LA MUERTE DE JESÚS

La pregunta, llegados a este punto es la misma que nos hicimos más arriba en los casos de fariseos y saduceos: ¿está o no está Herodes Antipas detrás de la muerte de Jesús?

Una vez más la respuesta es afirmativa, pero esta vez tendremos que matizar un poco más. Que Herodes quiere matar a Jesús se refiere explícitamente en los evangelios. De hecho, son los fariseos, algunos fariseos obviamente, los que salvan a Jesús de caer en las manos del rey galileo:

> «En aquel mismo momento se acercaron algunos fariseos y le dijeron: "Sal y vete de aquí, porque Herodes quiere matarte."» (Lc. 13, 31).

Y ello, aunque de otros pasajes del Evangelio lo que se extraiga sea exactamente lo contrario, a saber, que los fariseos circulan en idéntica dirección que Herodes en lo relativo a la convicción de que es absolutamente necesario eliminar a Jesús:

> «En cuanto salieron los fariseos, se confabularon con los herodianos contra él para ver cómo eliminarle» (Mc. 3, 6).

En la trampa farisea que relatan los sinópticos consistente en la pregunta a Jesús sobre la obligatoriedad de pagar impuestos cuando ya todos están confabulados contra él, si nos centramos específicamente en la versión de Marcos, vemos participar en ella a los herodianos (cf. Mc. 12, 13).

Lucas incluso relata que Herodes participa en el juicio de Jesús, aunque no sea a petición propia ni por su voluntad, sino porque Pilatos se lo envía, reconociendo de esta manera la jurisdicción personal que corresponde al rey de Galilea sobre el reo galileo y renunciando a la jurisdicción territorial que le corresponde a él mismo en su condición de procurador del lugar en el que tienen lugar los hechos que se juzgan. Si bien no lo hace sino para no tener que ser él el que pronuncie la sentencia de muerte de aquel galileo por el que indudablemente siente alguna simpatía:

«Al oír esto, Pilato preguntó si aquel hombre era galileo. Y, al saber que era de la jurisdicción de Herodes, le remitió a Herodes, que por aquellos días estaba también en Jerusalén.

»Cuando Herodes vio a Jesús se alegró mucho, pues hacía largo tiempo que deseaba verle, por las cosas que oía de él, y esperaba que hiciera algún signo en su presencia. Le hizo numerosas preguntas, pero él no respondió nada. Estaban allí los sumos sacerdotes y los escribas acusándole con insistencia» (Lc. 23, 7, 6-8, 11).

La escena de la remisión que de la persona del preso le hace Pilatos tiene, sin embargo, un desenlace inesperado:

«Pero Herodes, con su guardia, después de despreciarle y burlarse de él, le puso un espléndido vestido y le remitió a Pilato» (Lc. 8, 11-12).

Así las cosas, ¿participa Herodes o no participa en la condena a muerte de Jesús? Desde un punto de vista meramente formal, se ha de reconocer que Herodes está libre de dicha responsabilidad. El propio Pilatos descarga a Herodes de esta cuando en su discurso a los sumos sacerdotes, a los magistrados y al pueblo, les dice:

«Me habéis traído a este hombre como alborotador del pueblo, pero yo le he interrogado delante de vosotros y no he hallado en él ninguno de los delitos de que le acusáis. Ni tampoco Herodes, porque nos lo ha remitido. Nada ha hecho, pues, que merezca la muerte» (Lc. 23, 14-15).

¿Qué es lo que ha ocurrido? En el pensamiento de Herodes ha prevalecido el astuto gobernante del que dice Jesús que es un «zorro» (cf. Lc. 13, 32) sobre el deseo que indudablemente le acompaña de eliminar de la carrera por el trono a un enemigo algo más que incómodo. Y es que Herodes se percata inmediatamente de que no necesita involucrarse en un asunto feo de por sí, cuyo desenlace, muy favorable a sus intereses, ve producirse de manera inexorable, y lo que es mejor, sin necesidad de que él mueva un solo músculo. En definitiva, del contexto evangélico no cabe dudar de que aquél que no tuvo el menor escrúpulo en eliminar de la escena, sin ni siquiera juzgarlo, a un hombre tan reconocido y querido por el pueblo como Juan Bautista —lo cual por cierto le producirá tantas molestias como para que Flavio Josefo llegue a escribir que los judíos vieron en la derrota de Herodes ante el árabe Aretas el castigo por su comportamiento con el Bautista (cf. Ant. 18, 5, 2)—, no los habría tenido tampoco para hacer desaparecer de la misma a un profeta de similar extracción que, para terminar de complicar la situación, invoca peligrosísimos títulos para el trono de Herodes que remontan nada menos que al mítico rey David. «Ahora bien —debió de pensar—, ¿acaso es necesario por mi parte llevar a cabo un juicio en el que esos títulos pueden salir a la luz de manera comprometedora, cuando hasta mi mejor enemigo (el procurador romano) está jugando a favor mío?». Y mucho mejor de lo que él mismo podría haberlo hecho, porque si es Herodes quien condena a Jesús, lo tiene que decapitar como hizo con Juan Bautista, o como mucho lapidar, como manda la Ley mosaica que debe hacerse con los blasfemos. Pero en cambio, si lo hace Pilatos, lo crucifica, con todo lo que de escarnio y de eficacia en lo relativo a la humillación del preso y al desprestigio de su pensamiento y de todo movimiento en el que pueda militar, conlleva una crucifixión.

Existe además una segunda razón que aconseja a Herodes no inmiscuirse. Y es que el haberlo hecho le podría haber llevado a un conflicto de jurisdicción con las autoridades del Sanedrín. Después de todo, no se olvide que aunque como rey de judíos que es —judíos galileos, pero judíos—, Herodes se halle en Jerusalén para cumplir con una de las principales obligaciones de un judío: la visita del Templo de Jerusalén por pascua, Herodes no es rey de Judea o de Jerusalén, es rey de Galilea, por lo que una sentencia emitida por él en tierra que ha de ser considerada a los efectos extranjera, podría haber llevado con facilidad a un conflicto de jurisdicciones entre judíos que, lejos de simplificar las cosas, las habría, probablemente, complicado. Un conflicto que, por cierto, nada tiene de hipotético, pues ya el poderoso padre de Antipas, Herodes el Grande, había pasado, sin duda, por el desabrido trance de comparecer ante el Sanedrín judío (cf. Ant. 14, 9, 4).

Herodes pues, dejó a hacer, demostrando ser de todos los actores de la escena, el más astuto, por ser, a la vez, el más beneficiado de cuanto estaba ocurriendo, pero al mismo tiempo, también, el menos involucrado en sus aspectos políticamente más comprometidos.

5. Los celotes

El mismo equívoco a propósito de la condición real de Jesús, podría haber operado, ahora en sentido contrario, a la hora de ganarse el favor de otro de los partidos judíos más influyentes de la época: los violentos celotes (de *zelotai*=celoso), también conocidos como sicarios (de sica=puñal corto que constituía su armamento básico), si bien no todos los autores —concretamente André Paul— están de acuerdo en que una y otra categoría sean exactamente la misma. En todo caso y como quiera que sea, ¿qué sabemos de estos a los que se da en llamar «celotes»? Pues bien, para dar una respuesta cabal a este interrogante, una vez más hemos de recurrir a Josefo, historiador que da carta de naturaleza a lo que él llama «el cuarto partido» de los existentes en la sociedad judía contemporánea de Jesús. Dice Josefo:

> «Judas de Galilea, por su parte, se instituyó en jefe de una cuarta escuela filosófica [Josefo ha hablado ya de fariseos, saduceos y esenios, y aunque Josefo no los menciona por este nombre, algunos sostienen que esta cuarta escuela es la de los celotes]. Quienes sustentan las ideas enseñadas por esta escuela concuerdan con el punto de vista de los fariseos en todas las cuestiones, con la única diferencia de que su amor por la libertad es inconmovible, puesto que no aceptan otro jefe y soberano más que únicamente a Dios. Tienen por cosa de poca monta sufrir las más diferentes clases de muertes por oponerse a dar a hombre alguno el título de soberano» (Ant. 18, 1, 6).

Este Judas fundador de la «cuarta escuela» de inspiración farisea —de hecho, su cómplice ideólogo es un fariseo de nombre Sadoc (cf. Ant. 18, 1, 1)— de la que habla Josefo, es, en realidad, un belicoso caudillo que hace dos importantes incursiones en la vida judía, coincidente la primera con el inicio del reinado de Arquelao, uno de los hijos de Herodes el Grande, y la segunda con el final de este, un final que, prácticamente, precipita él mismo.

La primera de esas intervenciones, la que tiene lugar al inicio del reinado de Arquelao, ocurre hacia el año 4 a. C.: acaba de morir Herodes el Grande —Jesús, por cierto, es un pequeño infante de unos dos años— y esto es lo que nos cuenta Josefo:

> «Había un tal Judas, hijo del jefe bandolero Ezequías, que en su día había alcanzado un poderío enorme y había sido hecho prisionero por Herodes a costa de grandes penalidades. Pues bien, este Judas, tras reunir por la zona de Séforis de Galilea una multitud de hombres alocados, llevó a cabo una incursión contra el palacio real del lugar, y al apoderarse de las armas depositadas, armó a todos los hombres sin dejar uno solo, al tiempo que arrambló con el dinero que había allí» (Ant. 17, 10, 5).

Lo más importante de la reseña es que, según añade Josefo, el tal Judas «anhelaba alcanzar una situación más elevada y aspiraba al rango de rey» (Ant. 17, 10, 5). La rebelión es aplastada por el romano Varo, pero Josefo no nos dice que Judas fuera apresado.

La segunda intervención tiene lugar diez años después, hacia el año 6 d. C. Jesús tiene entonces unos doce años, por lo que sin duda debió de conocer y hasta interesarse por su desarrollo, como el niño inteligente y atento que demuestra ser durante su visita al Templo y sus conversaciones con los doctores de este, que realiza por esos días y que nos narra Lucas. Se trata del episodio que se da en llamar la Guerra del Censo, instigada de nuevo por un Judas al que define Josefo en estos términos:

> «Sofista muy astuto, que [...], siendo Cirenio gobernador, había injuriado y echado en el rostro a los judíos que, después de Dios, eran sujetos a los romanos" (Bell. 2, 17).

Aunque Josefo no nos indica el final del tal Judas, sí lo hace en cambio, de manera indirecta, Lucas, cuando, en un interesante caso de entrecruzamiento de fuentes de naturaleza muy diferente —una fuente judía y otra cristiana en este caso—, en el discurso que en defensa de los apóstoles hace Gamaliel, pone en boca de este importante rabino estas palabras:

> «En los días del empadronamiento, se presentó Judas el Galileo, que arrastró al pueblo en pos de sí; también éste pereció y todos los que le habían seguido se dispersaron» (Hch. 5, 37).

Cabe preguntarse si uno y otro Judas, el hijo de Ezequías de Ant. 17, 10, 5, y el Galileo de Bell. 2, 17 y de Hch. 5, 37 son el mismo personaje. La doctrina mayoritaria (Martin Hengel, Schürer) sostiene que sí con muy buenos argumentos. Aceptándolo de este modo, todo apunta a que las pretensiones reales del tal Judas crean una especie de dinastía irredenta con ínfulas de ocupar alguna vez el trono de los judíos, de lo cual son buena prueba las continuas apariciones de la familia de este Judas en la obra de Josefo, autor que, a mayor abundamiento, no se priva nunca de indicar, cuando este existe, el parentesco que une a los personajes que van apareciendo en su texto con aquél, lo que habla de la importancia que al tal Judas da el historiador judío. Gracias, pues, a Josefo, sabemos que los hijos de Judas, Jacobo y Simón morirán crucificados:

> «Y durante su mandato [se refiere al del procurador Tiberio Alejandro, que lo fue entre los años 46 y 48] [...] fueron aniquilados también los hijos de Judas Galileo (quien intentó que el pueblo se sublevara contra los romanos cuando Cirinio efectuaba el censo de Judea) Jacobo y Simón, a los que Alejandro ordenó crucificar» (Ant. 20, 5, 2).

Y que otro hijo, o por las fechas de las que se habla, más bien nieto, será uno de los líderes, sesenta años después, de la guerra que finaliza el aciago año 70 con la completa destrucción de Jerusalén:

> «En este medio había un hombre llamado Manahemo, hijo [se puede entender nieto] de aquel Judas Galileo [...]. Tomándolo consigo

algunos de los nobles, caminó a Masada, a dónde estaban todas las armas del rey Herodes, y quebrando las puertas, armó con gran diligencia a la gente del pueblo y a algunos ladrones con ellos, y volviose con todos, como con gente de su guarda, a Jerusalén. Haciéndose principal de la revuelta, aparejaba a cercarla y tomarla» (Bell. 2, 17).

Todo esto dicho, esto es, la existencia de una dinastía irredenta iniciada en Judas Galileo hijo de Ezequías; la fundación por el mismo de una cuarta escuela filosófica distinta de la saducea, esenia y farisea, aunque concomitante con esta última, de la que probablemente sólo le separaba la intensidad del recurso a la violencia; y la continua y constante participación de su familia en la guerra que sostienen judíos y romanos desde el año 4 a. C., lo cierto, sin embargo, es que Flavio Josefo sólo empieza a utilizar la palabra «celotes» en los episodios concernientes a esta última guerra que tiene lugar entre los años 67 y 70, la cual tiene por desenlace, como ya se ha dicho, la destrucción del Templo y de Jerusalén.

Ahora bien, no parece del todo contraindicado, dicho lo dicho —y así lo hacen muchos autores—, entender que dicha cuarta escuela de la que habla Josefo fuera en realidad la celote, gestante o latente —desde mucho antes de lo que Josefo empieza a mencionarla—, en todos los numerosos episodios de resistencia antirromana de la que tantas manifestaciones da en todo momento el pueblo judío. Desde tal punto de vista, y refiriéndonos ahora al gobierno de Poncio Pilato, Josefo relata sucesivos episodios violentos todos los cuales pudieron registrar alguna presencia más o menos abiertamente celote. Así, los disturbios que siguen a la introducción de efigies del emperador en la ciudad de Jerusalén (cf. Ant. 18, 3, 1; mismo episodio citado en Bell. 2, 9, 2); así, los desórdenes producidos al hilo de la construcción de un acueducto con cargo al tesoro del Templo (cf. Ant. 18, 3, 2); así, la represión que hace el procurador romano de unos samaritanos que subían al monte Garizzim (cf. Ant. 18, 4, 1-2), represión tan violenta que Pilatos será hasta llamado a Roma para rendir explicaciones.

Pero la gran revolución celote, a partir de la cual, y como hemos dicho, el propio término «celote» se acuña en la obra de Josefo, no es otra que la que se produce entre los años 66 d. C. y 70 d. C. Una guerra de facciones no muy coordinadas entre sí, y en la que nos encontramos, al menos, tres grandes líderes, cada uno al mando de su «comando»: Juan de Giscala, Simón Bargiora y Eleazar, la cual terminará como sabemos, con el peor de los finales imaginables para Jerusalén, esto es, con su casi completa destrucción, y lo que es peor, con la profanación, saqueo y destrucción del Templo, actos conmemorados en el Arco del triunfo de Tito que cualquier visitante de la Ciudad Eterna puede contemplar entre sus más renombrados monumentos.

Ya hemos tenido ocasión de constatar que el Judas de Galilea del que se ha hablado aquí no es personaje desconocido para los autores neotestamentarios: Lucas, ya lo hemos visto, lo cita por su nombre y apellido en sus *Hechos de los Apóstoles*. Existe también otro probable celote al que Lucas cita hasta en dos ocasiones, Teudas el Egipcio:

> «Porque hace algún tiempo se presentó Teudas, que pretendía ser alguien y al que siguieron unos cuatrocientos hombres; fue muerto y todos los que le seguían se disgregaron y quedaron en nada» (Hch. 5, 36; cf. Hch. 21, 38).

Cuya acción, por cierto, transcurre en tiempos muy cercanos al ministerio de Jesús, ya que es eliminado en el año 44 d. C., y al que también se refiere Josefo, en un nuevo caso, uno más, de interacción entre los evangelios, el de Lucas más que ninguno, y el importante historiador judío:

> «En las fechas en que Fado era procurador de Judea, un mago de nombre Teudas procuró persuadir a una masa infinita de personas a que recogieran sus pertenencias y lo siguieran hasta el río Jordán, pues les decía que era un profeta, y les aseguró que a una orden suya se abrirían las aguas del río y que de esta manera les haría fácil el cruce. Y con estas palabras embaucó a muchos. Fado, sin embargo, no les dejó que disfrutaran de su necedad, sino que envió un escuadrón de caballería que cayó sobre ellos de una manera inesperada. Y al propio Teudas, a quien cogieron vivo, le cortaron la cabeza y la llevaron a Roma» (Ant. 20, 5, 1).

En los evangelios, las referencias a los celotes o sicarios son muy veladas, y todas ellas lucanas. Se habla desde luego del censo que dio lugar a la Guerra del Censo a la que nos hemos referido:

> «Por aquellos días salió un edicto de César Augusto ordenando que se empadronase todo el mundo. Este primer empadronamiento tuvo lugar siendo gobernador de Siria Cirino» (Lc. 2, 1-2).

Se refiere también, una vez más Lucas, a una revuelta habida lugar en Galilea, en la que muy probablemente, se habrían visto envueltos también celotes:

> «En aquel mismo momento llegaron algunos que le contaron lo de los galileos, cuya sangre había mezclado Pilato con la de sus sacrificios» (Lc. 13, 1).

5.1. ¿CELOTES ENTRE LOS DISCÍPULOS DE JESÚS?

Pero lo más llamativo del tema es que hasta dos de los discípulos de Jesús pudieron ser celotes. El primero de ellos no es otro que el importantísimo Judas, llamado Iscariote por los cuatro evangelistas (cf. Mt. 10, 4; Mc. 3, 19; Lc. 6, 16; Jn. 12, 4), —algo reseñable, pues pocos son los apóstoles que todos los evangelistas conocen por idéntico nombre—, apelativo sobre el que nada menos que el papa Benedicto XVI en su obra Jesús de Nazaret, nos dice:

> «La palabra Iscariote puede significar simplemente "el hombre de Queriyot" [una ciudad en Judea citada en la Biblia, cf. Js. 15, 25], aunque también puede designarlo como sicario» (op. Cit. p. 216).

El segundo es el que, ¡quien si no Lucas! llama «Simón el Celote» (cf. Lc. 6, 15), más claro agua, bien que Mateo (cf. Mt. 10, 4) y Marcos (cf. Mc. 3, 18), en apelativo que no tiene más razón de ser que la de distinguir al humilde apóstol Simón del gran príncipe de los apóstoles que es justamente su tocayo y colega Simón-Pedro, lo llaman, en su lugar, «el Cananeo». La razón de la discrepancia entre sinópticos en lo relativo al apelativo de este apóstol de escasa importancia entre los de Jesús, no es difícil de explicar, ya que ambas palabras, cananeo y celote, provienen de una misma raíz aramea, *qan'ana*, lo que explica que un evangelista, Lucas, al escribir en griego, optara por una de las posibles traducciones del término, celote, y los otros por la otra, cananeo. Un término, este «cananeo» que, como apelativo, es de escaso significado, pues Canaán no es otra cosa que la tierra prometida, el gran Israel, por lo que llamar a alguien cananeo en Canaán es como llamar a alguien «el español» en España, algo que en modo alguno sirve para identificarle.

Judas Iscariote, el posible celote apóstol de Jesús.
Giotto di Bondone. Cappella Scrovegni (1305)

Y Juan, ¿qué dice Juan? ¿Llega a citar el cuarto evangelista en algún momento al controvertido apóstol? Al respecto, lo primero que se ha de decir es que, aunque Juan reconozca la existencia de doce elegidos (cf. Jn. 6, 67-71; Jn. 20, 24), por el contrario que sus colegas que sí lo hacen (cf. Mt. 10, 2-4; Mc. 3, 16-19; Lc. 6, 14-16), Juan no realiza en ningún momento una nómina de apóstoles. Los renglones de Juan sólo registran, y desperdigados a lo largo de su Evangelio, la presencia de seis apóstoles, a saber, Pedro, Juan (él mismo), Andrés, Felipe, Judas y Tomás. Posiblemente también a Bartolomé si cupiera identificar a este con el Natanael que cita Juan (cf. Jn. 1, 45-51). Y nada más, luego, en principio, nada indica que Juan se refiera en su texto a Simón el Celote. Ahora bien, no tan de prisa: sí cita Juan, en cambio, un enigmático personaje, el cual, aunque no registra actuación alguna en su Evangelio, es referido en él en hasta dos ocasiones, como si fuera alguien suficientemente conocido de los lectores: trátase de Simón Iscariote, así llamado:

«Hablaba de Judas, hijo de Simón Iscariote, porque éste le iba a entregar, uno de los Doce» (Jn. 6, 71).

«Durante la cena, cuando ya el diablo había puesto en el corazón a Judas Iscariote, hijo de Simón [...]» (Jn. 13, 2).

Un Simón Iscariote el cual, a mayor abundamiento, es, como vemos, el padre de Judas, el apóstol traidor. Ahora bien, si Judas Iscariote bien puede ser, como reconoce el propio papa Benedicto XVI, Judas el Celote, ¿no podría ser también este Simón Iscariote el Simón Celote que menciona Lucas en Lc. 6, 15? Lo cual abre la puerta a una interesante eventualidad rara vez reseñada en algún texto, cual es la de que, entre los apóstoles, alguno pudiera ser el hijo de otro de ellos; ¿por qué no?

5.2. LOS CELOTES Y LA MUERTE DE JESÚS

Y esto es todo sobre los celotes en los textos canónicos. Ahora bien, aunque como hemos tenido ocasión de comprobar, los evangelios no citen en ninguna ocasión al grupo de los celotes como tal, por el contrario de lo que hacen con fariseos, saduceos y herodianos, y aunque las referencias a ellos sean tan tangenciales como las que hemos tenido ocasión de conocer, lo cierto es que el mundo en el que se desenvolvió Jesús estuvo lleno de violentos radicales, en los que podía estar latente la cuarta ideología de la que habla Josefo. Pues bien, de acuerdo con esta premisa, si leemos entre líneas en las páginas del Evangelio, podemos rastrear la presencia de estos celotes que damos en llamar «latentes» en algunos importantes eventos de los que condujeron al trágico final de Jesús.

Puestos a realizar este ejercicio, esos celotes de los que hablamos, de reprochar algo a Jesús, le reprocharían justo lo contrario de lo que le podría haber reprochado Herodes, esto es, que no termine de proclamarse rey —en definitiva, que su reino no sea de este mundo— y que, aprovechando su predicamento entre las masas de pobres hombres, no aporte ese fabuloso ejército humano a la causa de la liberación nacional. No en balde, Jesús es el inventor de la defensa pasiva —«Al que te hiera en una mejilla, preséntale también la otra» (Lc. 6, 29)—; Jesús es el que invita a «amar a los enemigos» (Mt. 5, 44); y Jesús es el que, al profetizar la destrucción de Jerusalén, ordena: «Los que estén en Judea, huyan a los montes» (Mt. 24, 16), no hallándose, efectivamente, ningún cristiano en Jerusalén para defender la santa ciudad, cuando en el año 70, cuatro décadas después de desaparecer el maestro, las tropas romanas de Tito abrasen la gran revolución celote y reduzcan la ciudad santa de los judíos a cenizas. Nos lo cuenta Eusebio de Cesarea (h. 263-339) en su *Historia de la Iglesia*:

> «El pueblo de la Iglesia en Jerusalén recibió el mandato de cambiar de ciudad antes de la guerra y de vivir en una de las ciudades de Perea llamada Pella, por un oráculo transmitido por revelación a los notables de la comunidad. Así pues, a ella viajaron los que creyeron en Cristo desde Jerusalén, de modo que cuando los hombres santos habían abandonado por completo la capital real de los judíos y toda la tierra de Judea» (op. cit. 3, 5, 3).

Y a mayor abundamiento, también Epifanio de Salamina (h. 310-403) en su Panarion:

«A partir de ahí, comenzó el éxodo de Jerusalén, cuando todos los discípulos se fueron a vivir a Pella porque Cristo les había dicho que abandonaran Jerusalén y se fueran, ya que sufriría un asedio» (op. cit. 29, 7, 7-8).

Un episodio se muestra crucial en lo relativo a la relación del profeta galileo con los posibles celotes. Cuando a Jesús, apenas un par de días antes de ser crucificado, se le pregunta: «Maestro [...] ¿nos es lícito pagar el tributo al César?», se le está pidiendo en realidad que se pronuncie sobre la revuelta celota de aquel Judas el Galileo que se batió en armas contra el censo y los impuestos romanos, costándole muy probablemente la vida. Cuando Jesús replica: «Mostradme un denario», y al ver la imagen del César en él añade: «Pues bien, lo del César devolvédselo al César, y lo de Dios a Dios», episodio al que tantas ocasiones hemos tenido de referirnos, lo que Jesús está haciendo, en realidad, es marcar su territorio frente al de los celotes de su época, prácticamente cortar relaciones, y aunque el Evangelio nada diga al respecto, no es descartable que desde aquel momento, los celotes tomaran frente a él posición parecida a la que tan explícitamente hemos visto tomar a los fariseos, de los que a fin de cuentas, se hallaban como indica Flavio Josefo, muy cercanos ideológicamente hablando.

Desde este punto de vista, nada tiene de particular que el posiblemente gran celote que acompaña a Jesús que no es otro que su discípulo Judas, no se prive de enfrentarse abiertamente a él, cosa que hace precisamente en esos mismos días (y no antes), en un episodio que, aunque nos narran también otros evangelistas (cf. Mt. 26, 6-13; Mc. 14, 3-9), en Juan y sólo en Juan se relaciona con Judas, a pesar de lo sugestiva que dicha relación podría llegar a ser: trátase del que se da en llamar Unción en Betania:

«Seis días antes de la Pascua, Jesús se fue a Betania, donde estaba Lázaro, a quien Jesús había resucitado de entre los muertos. Le dieron allí una cena. Marta servía y Lázaro era uno de los que estaban con él a la mesa. Entonces María, tomando una libra de perfume de nardo puro, muy caro, ungió los pies de Jesús y los secó con sus cabellos. Y la casa se llenó del olor del perfume. Dice Judas Iscariote, uno de los discípulos, el que lo había de entregar: "¿Por qué no se ha vendido este perfume por trescientos denarios y se ha dado a los pobres?"» (Jn. 12, 1-5).

En este contexto también, no resulta excesivamente aventurado aceptar que pudiera haber habido tantos celotes aclamando a Jesús cuando este hacía su entrada triunfal en Jerusalén cuatro días antes del episodio del denario, como los habría habido solo un día más tarde del mismo episodio frente al palacio de Pilato, si bien reclamando esta vez para el maestro de Galilea algo tan distinto de una coronación como lo es una crucifixión. Precisamente en un ambiente como el que estamos describiendo, adquiere sentido la petición del pueblo a Pilato, cuando aquél ofrece al vulgo el indulto pascual para Jesús, de que libere en su lugar a Barrabás, un personaje que si bien en Juan no es nada más que un vulgar «salteador» (Jn. 18, 40), en Lucas es ya el integrante de un grupo apresado «por un motín que hubo en la ciudad y por asesinato» (Lc. 23, 19), en Marcos es todo un «sedicioso» (cf. Mc. 15, 7), lo que da al delito una carga política que en Juan no tenía, y en Mateo asciende a la categoría de «preso famoso» (Mt. 27, 16). Todo lo cual convierte al personaje, con alto grado de probabilidad, en un miembro más o menos significado del partido de los celotes o lo que semejante a dicho partido pudiera existir en los tiempos de Jesús. Desde esta perspectiva, ¿qué es lo que pide, en definitiva, el pueblo? Pues bien, la liberación del «celote leal», Barrabás, y la condena del «celote renegado», Jesús.

¿Estuvieron pues, o no, los celotes tras la condena a muerte de Jesús? La realidad es que, más allá de las especulaciones realizadas, nada permite aseverar que los celotes, o, dicho de otra manera, los radicales violentos contrarios a la presencia romana en suelo israelita, intervinieran de manera activa y en modo alguno en el juicio que finalizó con la crucifixión de Jesús: los evangelios desde luego, nada dicen de manera abierta en dicho sentido. De haber existido alguna participación celote —algo, según hemos señalado, no enteramente descartable— en la gigantesca conspiración que terminó con un rabino galileo colgado en una cruz, dicha participación se limitó a una actuación de última hora motivada por la decepción y el despecho, desde luego ocasional, en modo alguno ni premeditada y, desde luego, nunca en su gestación.

6. El poder romano

Hemos analizado hasta aquí las razones que podían inducir las relaciones de Jesús de Nazaret con cada uno de los grupos judíos significados de su época. Existe en la zona, sin embargo, otro agente de la máxima importancia desde que, en torno al año 63 a. C., con motivo de las guerras civiles asmoneas, se hace presente en la misma. Trátase del implacable poder romano, que irrumpe en la región con el ejército que manda Pompeyo. Y una vez más la cuestión que nos ocupa es: ¿cómo es la relación de Jesús con este nuevo agente? La cuestión no es en modo alguno baladí, es más, tendremos ocasión de ver que, dados los derroteros que ha tomado la exégesis más moderna referida a la figura del profeta galileo, se torna en uno de los puntos cruciales para interpretar el alcance del ministerio de Jesús. Pero no adelantemos acontecimientos y vayamos paso a paso para alcanzar las conclusiones adecuadas.

A los efectos, no está de más empezar por realizar, aunque somero, un pequeño repaso de la relación entre Roma y la tierra palestina. Así, durante los años que dura el ministerio de Jesús, Roma ejerce en la zona por la que transita Jesús dos tipos de autoridad bien diferenciadas.

La primera es la que lleva a la práctica en la zona sur de Palestina sobre las regiones de Judea, Samaria y Edom, donde desde la deposición del tetrarca idumeo Arquelao en el año 6 a. C. ejecuta una administración directa a través de una dictadura militar en el que la figura clave es el prefecto, figura que encarna precisamente entre los años 26 y 36, Poncio Pilato, el cual tiene su sede no en Jerusalén, como sería de esperar, sino en Cesarea Marítima (cf. Bell. 2, 8).

Interesa saber cuál es el cargo preciso de Poncio Pilato, de sus predecesores y de sus sucesores. Se le ha llamado «gobernador»; se le ha llamado «procurador». Los romanos contemporáneos de su persona lo llamaban «prefecto», como demuestra la inscripción hallada en el basamento del que debió de ser un monumento dedicado a su persona en Cesarea Marítima, en la que podemos leer estas palabras:

[DIS AUGUSTI] S TIBERIÉUM
[...PO] NTIUS PILATUS
[...PRAEF] ECTUS IUDA[EA]E
[...FECIT D] E [DICAVIT]

«En los días de Augusto Tiberio, dedicado al Prefecto de Judea, Poncio Pilatos».

Parece que el título «prefecto» hace más bien referencia a las capacidades de tipo militar anexas al cargo, en tanto que el título «procurador» se refiere más bien a sus connotaciones de tipo administrativo y financiero. Aunque según vemos, Pilato aparece mencionado como prefecto en la inscripción hallada en un teatro de Cesarea, tanto el judío Josefo como el romano Tácito, en la única referencia que para él reserva en sus *Anales*, como Mateo y Lucas, únicos evangelistas que lo llaman por su empleo, lo denominan «procurador». Así que procurador o prefecto.

Dicho prefecto o procurador dependía orgánicamente del legado romano de Siria, de quien sabemos que es Vitelio desde el año 35, pero no sabemos con certeza quiénes, cuántos y cuándo fueron sus predecesores. Suetonio en *Los doce césares* (cf. op. Cit. 3, 42) cita a un Pomponio Flaco que bien pudo ser el que nombrara a Pilato procurador.

Una dictadura, la que Roma ejerce en el sur de Palestina, que no es del entero desagrado de los judíos, los cuales llegan a reclamarla con tal de librarse de la dinastía de los idumeos, según nos informa Josefo:

«Todos rogaban a los romanos que tuviesen por bien tener misericordia de lo que de Judea quedaba salvo, y no diesen lo que de toda esta nación quedaba en vida a hombres que tan cruelmente los trataban [Herodes y sus hijos]; pero que juntasen con los fines y términos de Siria los de Judea, y determinasen jueces romanos que los rigiesen y amonestasen» (Bell. 2, 4).

En otro orden de cosas, pero no menos significativo, en *Los doce césares* Suetonio relata como en los funerales de Julio César del año 44 a. C. —nótese que Palestina ya había sido conquistada para Roma— «se notaba principalmente a los judíos, los cuales velaron durante muchas noches junto a las cenizas» (op. Cit. 1, 84).

Aunque retumba en los oídos el oportunismo de la expresión que los evangelistas ponen en boca de los judíos contemporáneos de Jesús, tampoco se puede olvidar ese momento en el que le reprochan a Pilatos que si no ajusticia a aquél que, según ellos, se ha levantado contra Roma, eso significa que Pilato «no es amigo del César» (Jn. 19, 12).

Dentro de esta estructura dictatorial, en la ciudad de Jerusalén, y bajo el mando del prefecto de Cesarea, la máxima autoridad es un tribuno o pretor (el Evangelio en todo momento nos habla de un pretorio en el que reside la autoridad romana en Jerusalén) que tiene su sede en la torre Antonia emplazada en la esquina noroeste del Templo. Dicho tribuno manda sobre la cohorte establecida en Jerusalén, una cohorte cuya dimensión y número sería variable en atención a las circunstancias por las que pasara la capital judía, si bien cabe pensar que en la época en la que se producen los eventos que analizamos ahora, fuera una y completa, esto es, unos quinientos soldados.

La segunda forma de administración que lleva a cabo la autoridad romana en la zona es la que practica en la zona norte de Palestina, en la región de Galilea, donde el poder romano se limita a «tutelar» a una monarquía local cuyo titular es nombrado directamente por el emperador, y que, aunque consecuentemente cabe definir como títere, goza de una autonomía no desdeñable. Encarna dicha monarquía entre los años 4 a. C. y 41 d. C. Herodes Antipas, hijo de aquel poderoso Herodes conocido por la historiografía como «el Grande» que reinará hasta el año 4 a. C. sobre la totalidad de Palestina.

En ningún pasaje de los cuatro evangelios expresa Jesús la menor condena hacia el poder romano. Tampoco se encuentra algo parecido en los principales textos apócrifos como el Evangelio de Pedro o el Evangelio de Tomás que recogen *logiones* (=frases) y sentencias de Jesús desconocidos y con visos racionales de veracidad histórica. Jesús no parece participar del ambiente general de los israelitas hacia el dominador romano. Y ello aún a pesar de la intensa resistencia que intentan ejercer sobre él grupos minoritarios como los celotes, por ejemplo.

Así las cosas, y a juzgar por lo que textualmente se dice en los evangelios, el sentimiento del poder civil romano hacia el profeta que invita a pagar al César lo que es del César (Mt. 22, 15-22), y a «amar a los enemigos» (Mt. 5, 44), no puede ser, ni es, de excesiva antipatía. Para empezar, la simpatía de Pilato, según lo que narran los cuatro evangelistas sin excepción, Jesús, desde luego, la tiene. Si algo llama la atención en el juicio precipitado que le hace Pilato al profeta de Galilea, es el afán del procurador romano por salvar su vida, hasta el extremo de declarar públicamente:

«Inocente soy de la sangre de este justo» (Mt. 27, 24).

Una simpatía que, en el relato evangélico (bien que solo el Evangelio de Mateo), trasciende a su propia esposa, a la que la tradición cristiana —una tradición que probablemente tenga su origen en el apócrifo *Actas de Pilato* (cf. op. Cit. 2, 1, sólo en algunas versiones)— conoce como Prócula, por cierto, venerada como santa por la Iglesia ortodoxa, la cual advierte a su marido:

«No te metas con ese justo, porque hoy he sufrido mucho en sueños por su causa» (Mt. 27, 19).

Una simpatía que, además, lleva al procurador a dar a Jesús, dentro de lo que marca el extremo rigor de la pena de la crucifixión, un trato de excepcionalidad, al permitir, por ejemplo, contra muchos de los precedentes existentes según tendremos ocasión de ver más adelante, el descolgamiento de su cuerpo de la cruz para recibir digna sepultura, en un episodio que relatan de manera casi idéntica los cuatro evangelistas:

> «Después de esto, José de Arimatea, que era discípulo de Jesús, aunque en secreto por miedo a los judíos, pidió a Pilato autorización para retirar el cuerpo de Jesús. Pilato se lo concedió. Fueron, pues, y retiraron su cuerpo» (Jn. 19, 38; similar a Mt. 27, 57-61; Mc. 15, 42-47; Lc. 23, 50-54).

6.1. PONCIO PILATO

Ninguno de los evangelistas se detiene en el porqué de la simpatía que Pilato dispensa a la figura de Jesús, pero en todos despunta como razón la simple fe que el prefecto romano parece tener en la inocencia de Jesús. ¿Es creíble este sentimiento de recta justicia hacia Jesús por parte del gobernador romano? En otras palabras, ¿encaja la figura histórica de Pilato con el hombre que retratan los evangelios?

Son muchos los exégetas que han aducido que no en modo alguno, y no les falta, desde luego, razones a las que asirse. El gobierno de Pilato sobre las regiones judías de su jurisdicción está lleno de incidentes y de revueltas que enconan la relación del procurador con sus subordinados. El propio Evangelista Lucas se hace eco del episodio según el cual, Pilato habría mezclado la sangre de unos galileos ajusticiados con la de sus propios sacrificios paganos (cfr. Lc. 13, 1). El filósofo e historiador Filón de Alejandría (n. h.20 a. C.-m.50 d. C.), en su obra *Legatio ad Gaio (Embajada ante Cayo)*, describe al procurador romano de la siguiente manera:

> «De carácter inflexible y duro, sin ninguna consideración, su prefectura se caracterizó por su corrupción, robos, actos de violencia, ofensas, brutalidades, innumerables condenas sin proceso previo y una crueldad sin límites» (op. Cit. 38).

Piedra de Pilatos, aparecida en Cesaresa Marítima en 1961
con el nombre del procurador

Pilato ha generado en la literatura cristiana una abundante leyenda que habla de su origen hispano; de su condición de liberto, fundamentada en su nombre Pilato que derivaría del *pileus* o gorra que portaban los libertos; de su muerte, ya ahogado en las aguas del Ródano, según describe el apócrifo *Mors Pilati (Muerte de Pilato)*, o suicidándose por orden de Calígula (cf. Hist. Ec. 2, 7); de su conversión al cristianismo recogida en las apócrifas *Actas de Pilato*, y a la que también se refiere Origenes *(Hom., en Mat., 35)* y hasta de su santificación, practicada por la Iglesia abisinia, la cual celebra su festividad el 25 de junio.

Al margen de la literatura cristiana son muchos los historiadores que mantienen que Pilato sería un componente «del equipo» de Sejano, hombre fuerte de la situación en tiempos de Tiberio, pero caído en desgracia y ejecutado en el año 31 d. C. Sin embargo, nada en la obra ni de Josefo, ni de Filón, ni de Tácito o Suetonio avala la afirmación precedente, y lo cierto es que cuando Sejano cae en desgracia, Pilato continúa en su puesto por cinco años todavía, lo que parece argumento suficiente para desmentir su vinculación al intrigante político y militar romano.

Más allá de cuantos datos hemos reseñado, históricamente poco fundamentados, es sin embargo no poco lo que conocemos del personaje, algo que debemos principalmente al historiador Flavio Josefo, quien le dedica todo el capítulo III y parte del IV del libro XVIII de su obra *Antigüedades*. Pues bien, según Josefo, Pilatos es prefecto de Judea entre los años 26 y 36 d. C., lo que constituye per se un dato singular por su inusitada duración, siendo así que de todos los prefectos romanos de Judea entre los años 6 y 66 es junto con Valerio Grato el único que alcanza los diez años en la posición, no alcanzando más de cuatro ninguno de los demás. Es también Pilato el que, siempre según el acreditado testimonio de Josefo, entrando en la ciudad de Jerusalén con estandartes que representan al emperador (cf. Ant. 18, 3, 1; Bell. 2, 9, 2), viola la norma judía «no harás ninguna escultura ni imagen alguna» (cf. Ex. 20, 4). Un episodio al que, por cierto, también se refiere Filón en su obra *Embajada ante Cayo* (cf. op. Cit. 38), aunque sustituya las estatuas por escudos de oro. Es también el que, con cargo al tesoro del Templo, en una nueva provocación a los judíos sobre los que gobierna, ordena la construcción de un acueducto de cuatro kilómetros para traer agua a Jerusalén (cf. Ant. 18, 3, 2). O el que, en el año 36, ordena la represión de una revuelta producida en Samaria, represión por la que su superior, el legado de Siria, Vitelio, lo cesa fulminantemente (Ant. 18, 4, 1-2).

Dicho todo lo cual, la descripción del carácter de quien aquí nos ocupa no sería completa sin entrar en las circunstancias en las que todos estos hechos se producen, circunstancias en las que, por cierto, la historiografía no ha solido detenerse. Y entre todas ellas la primera, que cualquiera de los testimonios presentados, Lucas, Agripa, Filón, Josefo, cabe definirlos como testimonios interesados, es más «malintencionados». De hecho, los cuatro son judíos, como judíos son los rebeldes súbditos sobre los que Pilato gobierna sin otra instrucción que la de mantenerlos sometidos. No por casualidad, en la crónica romana por antonomasia, los Anales, Tácito, su autor, nos lleva a otra conclusión bien diferente cuando refiriéndose a la situación judía en los tiempos en los que la gobierna Pilato, afirma:

«Bajo Tiberio [que reina del 14 al 37 d. C. abarcando en consecuencia su reinado todo el período de la prefectura de Pilatos] todo quedó tranquilo» (op. Cit. 12, 54).

Testimonio que es aún más valioso cuanto que Tácito se mostrará abierto a aceptar que en la inestabilidad de la región, tuvieron gran responsabilidad las acciones ejecutadas por los procuradores que la gobernaron desde que murió Tiberio y Pilato abandonó su gobierno.

En cuanto a la acusación que le hace Lucas, la de mezclar la sangre de unos galileos con la de sus sacrificios, a los efectos, lo primero que conviene explicar es que la religiosidad romana tenía uno de sus pilares en los sacrificios de animales que se realizaban en los templos de las distintas deidades romanas, unos sacrificios que a menudo iban unidos a los pronósticos que sobre el futuro de las personas que los ofrecían, realizaban los sacerdotes de esos templos. Pues bien, según Lucas, Pilato es tan cruel como para unir la sangre de unos seres humanos a la de unos animales en tales sacrificios. ¿Acaso hace algo inusualmente cruel para la mentalidad de la época? ¿Es quizás Pilato el único romano que lleva a cabo práctica tan inhumana? Veamos, por ejemplo, si el emperador Augusto podría haber reprochado algo en tal sentido al procurador de Judea. Nos cuenta una vez más Suetonio:

«Tomada Perusa, se mostró [Augusto] cruel con sus habitantes [...] De los sometidos, eligió a trescientos de los dos órdenes y los hizo inmolar en los idus de marzo, como las víctimas de los sacrificios, delante del altar elevado a Julio César» (Los doce césares, 2, 15).

Por lo que se refiere a los hechos que Josefo imputa al célebre prefecto, en el primero de ellos, la violación de las costumbres sagradas de los judíos —en este caso introduciendo las imágenes del emperador en Jerusalén—, es algo en lo que Pilatos no es, ni muchísimo menos, el primer romano que incurre, ni habrá de ser, tampoco, el último. Antes que él, el conquistador de la región, Pompeyo, había hecho algo muchísimo más intolerable a los ojos de un judío piadoso, como es penetrar, él mismo en persona, en el *sancta sanctorum* del Templo, un lugar impenetrable incluso para los judíos a no ser que se tratara del sumo sacerdote, y no cualquiera, sino solo aquél que se hallara «de servicio» según un estricto orden marcado de antemano:

«En efecto, a su interior [el del Templo] pasó Pompeyo y no pocos de su séquito, y vieron todo cuanto la ley divina no permitía ver a ninguna otra persona más que únicamente a los sumos sacerdotes» (Ant. 14, 4, 4)

Pero es que, por si esto fuera poco, apenas tres o cuatro años después del cese de Pilato, el legado sirio Petronio, por orden del mismísimo César Calígula, y con nada menos que dos legiones (doce mil hombres), vuelve a realizar una intentona de introducir las estatuas imperiales en Jerusalén:

«Envió [Calígula] a Petronio con ejército y gente a Jerusalén, mandándole que pusiera las estatuas en el Templo, y que, si los judíos no las querían recibir, que matase a los que lo impedían» (Bell. 2, 9).

Acontecimiento que, a mayor abundamiento, ratifica Tácito en sus *Anales:*

«Después cuando Calígula ordenó a los judíos poner su estatua en el templo [...]» (op. Cit. 12, 54).

Y es que esta cuestión del culto al emperador y a sus estatuas no es una cuestión baladí como algunos han querido sostener al comentar el comportamiento veleidoso y provocador de Pilato tratando de introducirlas en Jerusalén, sino que, en la liturgia de la soberanía romana, se torna en una verdadera «cuestión de estado», algo similar a lo que en la liturgia posterior de la soberanía representará el izado del pendón o de la bandera en los territorios conquistados. De lo que es buen indicio el hecho de que la gran mayoría de los futuros mártires cristianos no lo serán por abrazar o no la religión oficial romana o por exhibir más o menos públicamente la veneración al crucificado del Gólgota, cuestiones ambas con las que Roma se mostraba, como es bien conocido, bastante tolerante, sino precisamente por no rendir culto al emperador.

Más significativo es todavía el desenlace del episodio que tiene por protagonista a Pilato, al que no se suele aludir y que demuestra, después de todo, la sensatez y la flexibilidad del carácter del prefecto. Y es que cuando ve que su intentona de introducir las estatuas puede terminar en una carnicería, pudiendo hacerlo no la consuma, sino que cede ante los judíos y, por el contrario que otros romanos antes y después que él, no lleva a cabo derramamiento de sangre alguno. Veamos cómo describe los hechos Josefo (judío después de todo):

«Entonces denuncioles Pilatos [a los judíos que protestaban] que los despedazaría a todos si no recibían las imágenes y estatuas de César, e indicó a los soldados que sacasen de la vaina sus espadas. Los judíos, viendo esto como si lo hubieran concertado, échanse súbitamente a tierra y aparejaron sus gargantas para recibir los golpes, gritando que más querían morir todos que permitir, siendo vivos, que fuese la ley violada y profanada. Entonces Pilato, maravillándose de ver la religión grande de estos, mandó luego quitar las estatuas de Jerusalén» (Bell. 2, 8).

Evento en el que, por cierto, exhibe Pilato un rasgo muy característico de su personalidad que volverá a asomar en el juicio a Jesús, cuando harto de la testarudez de sus súbditos judíos, el procurador romano transige en lo que estos le reclaman y accede a crucificar al profeta galileo.

«Pilato, entonces, queriendo complacer a la gente, les soltó a Barrabás y entregó a Jesús, después de azotarle, para que fuera crucificado» (Mc. 15, 15).

En el segundo de los hechos que la historia reprocha a Pilato, la utilización de los fondos del templo para realizar un acueducto, indudablemente y después de todo, se trata de una obra pública, por cierto, muy necesaria para una Jerusalén que pasaba por frecuentes episodios de sed masiva —así por ejemplo el que narra Josefo en Ant. 14, 2, 1)—, y cuyo único objetivo era, por lo tanto, el beneficio de los gobernados, aunque estos no supieran valorarlo así. Algo, por cierto —la sustracción de los fondos del Templo—, que Pilatos no era el primer romano en llevar a la práctica, pues ya antes que él lo había hecho, en torno al año 4 a. C., el intendente Sabino, quien no los utilizaría precisamente para la realización de obras públicas:

> «Y los romanos [...] tomaron el tesoro, en el que había dinero sagrado, gran cantidad del cual fue sustraído por los soldados, mientras Sabino se apropió, que se viera, de cuatrocientos talentos» (Ant. 17, 10, 3)

Y que luego en el año 70, el general romano Tito, luego emperador, llevaría a su máxima expresión vaciando el tesoro del Templo y llevándoselo entero a Roma, como queda bien patente en los bajorrelieves del Arco del Triunfo de Tito en la Ciudad Eterna.

Y en el tercer episodio de los que relaciona Josefo, el que terminará por cierto con la deposición del procurador, la represión de una revolución en Samaria, Pilato se limita a restablecer el orden público, maltrecho por causa absolutamente ajena a él, lo que hace con prontitud y «economía», limitándose a la ejecución de «los principales cabecillas, así como los más influyentes» (Ant. 18, 4, 19), exactamente igual que habría hecho, en su pellejo, cualquier militar encargado del orden público de una región con los grados de rebeldía de aquélla sobre la que gobernaba y que tuviera en algún aprecio su cabeza. Y con mayor benevolencia desde luego, de la que exhibiera en su momento, por ejemplo, aquel Quintilio Varo que hace crucificar a dos mil judíos a las puertas de Jerusalén en torno al año 4 a. C. (cf. Ant. 17, 10, 10); el procurador Floro que hacia el año 45 y por unas injurias que le habían hecho algunos judíos hará matar a seiscientos treinta, incluidos niños de pecho y judíos con ciudadanía romana, lo que dice Josefo, «hombre ninguno antes había hecho» (cf. Bell. 2, 14); o el propio Tito que en torno al año 70, crucificaba la increíble cifra de quinientos judíos por día, señalándose que no había árboles para tantas crucifixiones (cf. Bell. 6, 12).

Con una única diferencia, eso sí, y es que, en el caso de Pilato, el que era desde poco menos de un año antes su superior, el recién llegado legado de Siria, Vitelio, aprovecha la recusación que ante él presentan sus víctimas samaritanas, para desembarazarse del procurador heredado del anterior legado y colocar en su lugar a «un amigo» —así lo define Josefo (cf. Ant. 18, 4, 2)—, Marcelo en este caso, en una maniobra política tan repetida en la historia que no habría en el mundo biblioteca capaz de alojar las crónicas de las muchas de tal naturaleza que a lo largo de la misma se han realizado en todos los gobiernos que en el mundo han sido. Todo lo cual, por cierto, no conseguirá calmar el avispero que era Samaria, donde apenas cinco años después de depuesto Pilato, se registran nuevas revueltas, que conocemos una vez más por Josefo, y que se saldan con nuevas ejecuciones (cf. Bell. 2, 11).

Nos hallamos pues, con Poncio Pilato, ante un militar riguroso, que se comporta como se comportaban los romanos de su época, pero no, desde luego, particularmente cruel, consciente de lo que se espera de él, y enemigo, pero no por su voluntad, sino por circunstancias contra las que no puede combatir, de las personas sobre las que se le encomienda gobernar. Pero nada más. Por lo que sabemos de él, y gracias al relato de un judío, en el procurador Poncio Pilato no es difícil hallar medianas dosis de sensatez, flexibilidad, sentido del bien común, pragmático antes que cruel y un indisimulado afán de complicarse la existencia lo menos posible con sus levantiscos subordinados, cuya tozudez parece rebosar el vaso de lo que él puede llegar a comprender en más de una ocasión. Un prefecto que, a pesar de la manera fulminante en la que es cesado, debió de generar alguna confianza entre sus superiores y alguna estabilidad entre sus subordinados cuando fue capaz de mantenerse en el puesto un período de tiempo inusualmente largo, diez años, que salvo Grato, no alcanzó, ni parecido, ninguno de los que le antecedieron o le sucedieron en él.

6.2. PONCIO PILATOS Y JESÚS

Conocido el personaje y volviendo al «expediente Jesús de Nazaret», observamos que el hombre práctico y no necesariamente injusto que es Pilatos siente desde el principio una simpatía natural hacia la persona que le traen con la intención de que la condene a muerte. Para entender dicha simpatía tampoco es estrictamente necesario acudir a grandiosas razones. Las personas se sienten atraídas las unas por las otras por motivos que aún hoy podemos describir como mágicos, y no sometibles a las leyes de ciencia alguna: el carisma indiscutible que emanaba de Jesús, la delicada situación en la que se encuentra cuando le llevan ante Pilato, son razones que por sí solas pueden despertar la simpatía del más cruel de los gobernadores.

Ahora bien, si lo que se quiere es una motivación más evidente y menos sentimental de la simpatía que Pilato exhibe hacia Jesús, también existen. La primera, muy vinculada al relato de Juan al que luego nos referiremos con detenimiento, tendría que ver con el sentimiento de ridículo que podría haber invadido al procurador romano al haber participado con una porción de tropa en la que le habían presentado como «arriesgada» detención de un peligroso activista político, para encontrarse con que lo que se detenía al final, apenas era un pobre hombre desarmado acompañado de once somnolientos, cuando no medio ebrios, compañeros. La segunda, más comprensible aún, tendría que ver con algo tan humano como la antipatía hacia un enemigo común: nos estamos refiriendo a Herodes Antipas del que hablamos poco más arriba, el mismo sobre cuya levadura advierte Jesús (cf. Mc. 8, 15), el mismo que quiere matar al maestro de Galilea (cf. Lc. 13, 31), pero también el mismo a cuyo notorio deseo por convertirse en rey de las tierras sobre las que gobierna Pilato (cf. Ant. 18, 7, 2) hemos tenido ocasión ya de referirnos. El mismo, en definitiva, con el que un avispado Lucas, cuyo evangelio es de los cuatro, el que mejor entra en las motivaciones psicológicas de sus protagonistas, nos informa de que Pilato «estaba enemistado» (Lc. 23, 12).

Continuando en el tema que centra este epígrafe, la relación de Jesús con el poder romano en la zona y con sus representantes, no es Pilato, sin embargo, el único personaje de la nación romana a quien, en el relato evangélico, «seduce» Jesús. Así, por ejemplo, el centurión romano que ha dirigido el cortejo que acompaña al Nazareno encargado de certificar su muerte, el *exactor mortis* que se llama, y que, al verle expirar, exclama según nos cuenta Lucas:

«Ciertamente este hombre era justo» (Lc. 23, 47).

O en palabras mucho más elocuentes, Mateo y Marcos:

«Verdaderamente este hombre era hijo de Dios» (Mc. 15, 39).

Y antes que ese centurión que presencia sus últimas horas de vida, aquel otro de Cafarnaúm —cuya sola presencia demuestra que por mucha autonomía que Roma concediera a la región galilea en la que reina Herodes Antipas, existía algún tipo de presencia militar romana en el territorio— que al conocer los prodigios que obra, se abalanza sobre él para hacerle una petición muy especial:

«Al entrar en Cafarnaúm, se le acercó un centurión y le rogó diciendo: "Señor, mi criado yace en casa paralítico con terribles sufrimientos". Dícele Jesús: "Yo iré a curarle". Replicó el centurión: "Señor, no soy digno de que entres bajo mi techo; basta que lo digas de palabra y mi criado quedará sano. Porque también yo, que soy un subalterno, tengo soldados a mis órdenes, y digo a éste: `Vete`, y va; y a otro: `Ven`, y viene; y a mi siervo: `Haz esto`, y lo hace". Al oír esto Jesús quedó admirado y dijo a los que le seguían: "Os aseguro que en Israel no he encontrado en nadie una fe tan grande. Y os digo que vendrán muchos de oriente y occidente y se pondrán a la mesa con Abrahán, Isaac y Jacob en el reino de los Cielos, mientras que los hijos del Reino serán echados a las tinieblas de fuera; allí será el llanto y el rechinar de dientes". Y dijo Jesús al centurión: "Anda; que te suceda como has creído", Y en aquella hora sanó el criado» (Mt. 8, 5-13; similar en Lc. 7, 1-10).

Aunque los evangelios no lo reflejen, Jesús debió de ser objeto de la atención y seguimiento de la inteligencia romana, como cualquier otro profeta o visionario que recorriera las tierras de la rebelde Palestina, máxime si su mensaje hace creer a algunos que se trata de un rey, y tal, desde luego, fue el caso, como demuestra este apunte de Juan:

«Sabiendo Jesús que intentaban venir a tomarle por la fuerza para hacerle rey, huyó de nuevo al monte él solo» (Jn. 6, 15).

La Palestina que conoce Pilato, como hemos tenido sobrada ocasión de comprobar, es uno de los territorios más rebeldes a la dominación romana de todo el Imperio. Tanto que sabemos que los prefectos de Judea, con sede en Cesarea, no se olvide, tenían la costumbre de visitar Jerusalén o mandar importantes destacamentos de refuerzo durante las fiestas, como nos informa Josefo cuando, al hablar de una de esas visitas, la que realiza el procurador Cumano un par de décadas después de la crucifixión de Jesús, escribe:

«Estas precauciones también las habían tomado en las fiestas los procuradores de Judea anteriores a él» (Ant. 20, 5, 3).

Así las cosas, no es en modo alguno descartable que uno de los problemas que Pilato esperara encontrarse en Jerusalén en aquella visita concreta en la pascua que termina siendo la última de Jesús, pudiera estar relacionada con los informes de sus espías en el sentido de que, relacionado con un rabino galileo, algo grave podría estar cociéndose en la ciudad santa de los judíos. De hecho, de la sola lectura del pasaje en el que Jesús es puesto ante Pilato, no es difícil llegar a la conclusión de que el gobernador romano sobradamente sabe quién es el personaje que ponen en su presencia. Y así, aunque en la versión de Lucas (Lc. 23, 2) a Pilato haya que informarle de quien es Jesús y hasta de que es de origen galileo (Lc. 23, 5-6), en los otros tres evangelios Pilato, sin necesidad de que nadie le informe previamente de nada, ya pregunta a Jesús:

«¿Eres tú el rey de los judíos?» (Mt. 27, 11; Mc. 15, 2; Lc. 23, 3; Jn. 18, 33).

Lacónica introducción tras la que no es difícil adivinar un revelador «¡de modo que tú eres ese famoso rey de los judíos que tanto está dando que hablar, ¿eh?!»

Y así, desde luego, había de ser. Téngase en cuenta que, aparte de los muchos tentáculos que la policía romana debía tener extendidos por todos y cada uno de los levantiscos territorios palestinos por más que algunos de ellos, como aquéllos sobre los que reina Antipas, dispusieran de amplia autonomía, a apenas escasos metros de la sede de la importantísima guarnición romana en la torre Antonia de Jerusalén, adosada a la esquina noroeste del Templo, Jesús realiza las acciones que desde el punto de vista del orden público, se han de reputar como la más sonoras de su ministerio. Así, por ejemplo, aquella entrada en Jerusalén en su última semana de vida que los cuatro evangelistas (Mt. 21, 1-11; Mc. 11, 1-11; Lc. 19, 28-38; Jn. 12, 12-15) describen entusiástica, y que, con toda probabilidad, se produjo por la llamada Puerta Dorada, la más cercana al Templo. Y junto con ella, las dos purificaciones del Templo (suponiendo que no se trate de un mismo episodio narrado por los evangelistas en distinto momento del ministerio de Jesús): la primera, la que narra Juan, en la que constituye la primera Pascua de Jesús durante su ministerio en Jerusalén (cf. Jn. 2, 13-22); y la segunda, la que narran los sinópticos (Mt. 21, 12-13; Mc. 11, 15-17; Lc. 19, 45-48), en la que constituye su última Pascua en la ciudad santa, por lo tanto, solo unos días antes de ser crucificado. Añádase a ello otros episodios menores, pero igualmente ruidosos, ocurridos en Jerusalén y protagonizados también por Jesús, como los dos intentos frustrados de sus compatriotas judíos de lapidarlo: el primero, ocurrido en el templo durante la fiesta de las tiendas, apenas seis meses antes de la que será su última Pascua (cf. Jn. 8, 53-58); el segundo, ocurrido una vez más en el Templo, concretamente en el pórtico de Salomón, durante la fiesta de la dedicación (Jn. 10, 24-32), apenas tres meses después y solo otros tres antes de la que será la última Pascua de Jesús. Con tales precedentes, a nadie podrá extrañar que la figura del polémico maestro galileo resultara medianamente familiar a la policía romana que con tantos desvelos vigilaba el revuelto orden público de la capital jerosolimitana.

6.3. PONCIO PILATOS Y LA MUERTE DE JESÚS.

Dicho todo esto, nos formulamos la misma pregunta que nos hemos formulado en los epígrafes anteriores: ¿hasta qué punto estuvo Pilatos detrás de la muerte de Jesús? Desde luego una cosa está clara y no se somete a discusión: Roma por mediación de su representante en la región, Pilato, es la responsable de la condena a la que Jesús es castigado, hasta tal punto que dicha condena es de cruz, una pena que en derecho hebreo no existe —existe el colgamiento, y solo de cadáveres, no de personas vivas—, y que, consecuentemente, habría sido otra de haber sido ejecutado Jesús de acuerdo con la legislación judía. Ahora bien, existe una no menos discutible unanimidad entre los cuatro evangelistas en que la pena en cuestión le es sacada a Pilato poco menos que con fórceps, totalmente a contra voluntad, y que este accede a aplicarla ante la insistencia de sus rebeldes súbditos judíos y para evitar incurrir en un grave episodio de desorden público.

Marcos pone estas palabras en boca del procurador romano refiriéndose a Jesús:

«Pero ¿qué mal ha hecho?» (Mc. 15, 14)

Lucas, estas:

«No encuentro en él ningún delito que merezca la muerte» (Lc. 23, 22).

Juan, estas:

«Yo no encuentro en él ningún delito» (Jn. 19, 6).

Y Mateo, las más elocuentes de todas:

«Inocente soy de la sangre de este justo. Vosotros veréis» (Mt. 27, 24).

Juan incluso añade un argumento, mucho más importante de lo que pueda parecer, que debió pesar en el ánimo del pragmático procurador a la hora de ceder al veredicto que le solicitaban sus díscolos súbditos:

«Si sueltas a ése, no eres amigo del César; todo el que se hace rey se enfrenta al César» (Jn. 19, 12).

Argumento que se muestra más que persuasivo en el ambiente de víboras que se vive en la Palestina de la época, con un Herodes —presente en el escenario, no se olvide, bien nos informa de ello Lucas (cf. Lc. 23, 7-12)—, al que une una íntima amistad con el emperador Tiberio (cf. Ant. 18, 3, 1), del que es eficaz confidente (Ant. 18, 5, 1), y del que nadie ignora que su único afán consiste en recuperar para su trono los emblemáticos territorios sobre los que gobierna Pilato.

Como quiera que sea, nos hallamos aquí ante un acuerdo unánime, este que versa sobre la desgana con la que Pilato condena a Jesús, que es difícil encontrar entre los cuatro evangelistas, por lo que nos hallamos ante un caso singular de testimonio no solo múltiple, sino unánime. Solo a modo de ejemplo, y sin irnos demasiado lejos, ya hemos visto que mientras que, en Mateo, Marcos y Juan Pilato sabe quién es el Nazareno, en Lucas, Pilato no tiene la menor idea sobre su persona.

Todo lo cual no quita para que, amén la propia condena en sí, encontremos, además, en el Evangelio, otras complicidades romanas en la ejecución de Jesús. La primera de ellas, los escarnios que con tanto agrado vemos producir a los soldados romanos sobre la castigada persona de Jesús, el cual ha sufrido ya una penosa flagelación por verdugos igualmente romanos:

«Entonces los soldados del procurador llevaron consigo a Jesús al pretorio y reunieron alrededor de él a toda la cohorte. Le desnudaron y le echaron encima un manto de púrpura; y, trenzando una corona de espinas, se la pusieron sobre su cabeza, y en su mano derecha una caña; y doblando la rodilla delante de él, le hacían burla diciendo: "¡Salve, Rey de los judíos!"; y después de escupirle, cogieron la caña y le golpeaban en la cabeza. Cuando se hubieron burlado de él, le quitaron el manto, le pusieron sus ropas y le llevaron a crucificarle» (Mt. 27, 27-31; similar a Mc. 15, 16-20).

Escarnios que, sin embargo, no son tan difíciles de entender y no tienen por qué estar relacionadas con la simpatía o la animadversión que el procurador romano, en cuanto representante del poder romano, pudiera sentir hacia la persona del hombre que ponía en las manos de sus desalmados soldados para que le dieran un escarmiento. El curtido soldado romano presente en el escenario palestino, mercenario procedente de las distintas colonias del Imperio, muy familiarizado con la guerra, sin tiempo para incurrir en la molicie, lo único que sabe a ciencia cierta es que los levantiscos judíos que le rodean por doquier en la ciudad de Jerusalén son los causantes de todas y cada una de sus penalidades cotidianas, y lo mismo le da, cuando se trata de castigar a uno de ellos, que sea justo o que no lo sea; que sea fariseo, saduceo, mesías, santo o guerrillero; que el procurador sienta hacia él mayor o menor simpatía; o que lo haya puesto en sus sádicas manos para evitar un motín urbano.

Un segundo indicio de complicidad romana en los hechos que conducen a la ejecución de Jesús de Nazaret tiene mayor trascendencia y ha producido consecuencias muy importantes a la hora de interpretar los eventos ocurridos en torno a la muerte de Jesús de Nazaret. Trátase de la composición de la guardia que detiene a Jesús. Una guardia que describen así cada uno de los evangelistas:

«Un grupo numeroso con espadas y palos, de parte de los sumos sacerdotes y los ancianos del pueblo» (Mt. 26, 47).
«Un grupo con espadas y palos, de parte de los sumos sacerdotes, de los escribas y de los ancianos» (Mc. 14, 43).
«Dijo Jesús a los sumos sacerdotes, a los jefes de la guardia del Templo y a los ancianos que habían venido contra él [...]» (Lc. 22, 52)

Relatos que nos presentan un cuerpo de policía de composición estrictamente judía, con toda seguridad poco numerosa, en la que, además, y esto es importante, no se da la menor participación romana.

Juan, sin embargo, no nos da la misma versión de los hechos, sino que, en su relato, como en tantas otras cosas, deja que se deslice una diferencia que, en principio, se presenta como insignificante, pero que, como veremos, no lo es. Dice el cuarto evangelista:

«Judas, pues, llega allí con la cohorte [romana se entiende, aunque no lo especifica] y los guardias enviados por los sumos sacerdotes y fariseos, con linternas, antorchas y armas [...] Entonces la cohorte, el tribuno [el jefe de la guarnición romana, el cual reside en Jerusalén y rinde cuentas ante el procurador de Cesarea, Pilatos en este caso] y los guardias de los judíos prendieron a Jesús, le ataron" (Jn. 18, 1-12).

A fuer de ser sinceros, la presencia de la patrulla romana en los acontecimientos que conducen a la muerte de Jesús se presenta como bastante lógica y esperable en el ambiente que prevalece en la Judea del primer tercio del s. I. De hecho, lo extraño es que entre los evangelistas solo Juan cite esa presencia y no lo hagan, en cambio, sus colegas sinópticos, lo cual, sin embargo, no parece atribuible a ningún afán falseador, y más bien se antoja producto de la obviedad de la situación. Casi como si alguien les reprochara a los sinópticos que, siendo así que era de noche cuando se produce el prendimiento de Jesús, no hagan referencia a que no había luz. De hecho, la omisión recuerda bastante a aquélla en la que incurren también los sinópticos, que no Juan, del hecho de que los judíos tenían vetado el *ius gladii* —el derecho de aplicar la pena de muerte al que nos referiremos más adelante— cuando mencionan de una manera totalmente natural y sin mayor referencia al hecho, que una vez juzgado Jesús por el Sanedrín, fuera llevado ante Pilato. Pero es que, además, una presencia tal de la patrulla romana no es la única vez que se menciona en los textos canónicos y así, nos encontramos una referencia parecida cuando Lucas se refiere a los eventos que conducen al arresto de Pablo en torno al año 58. Un suceso en el que nos vamos a encontrar con una serie de circunstancias muy similares a las que rodearon el juicio de Jesús, y que, por otro lado, van a contribuir a arrojar no poca luz sobre este. Nos dice Lucas:

«Toda la ciudad se alborotó y la gente concurrió de todas partes. Se apoderaron de Pablo y lo arrastraron fuera del Templo; inmediatamente cerraron las puertas. Intentaban darle muerte, cuando subieron a decir al tribuno de la cohorte: "Toda Jerusalén está revuelta". Inmediatamente tomó consigo soldados y centuriones y bajó corriendo hacia ellos; y ellos, al ver al tribuno y a los soldados, dejaron de golpear a Pablo. Entonces el tribuno se acercó, le prendió y mandó que le atasen con dos cadenas» (Hch. 21, 30-33).

Hasta aquí la similitud entre el juicio de Jesús y el de Pablo es relativa, pues si bien en el de Jesús son las autoridades judías las que ordenan la detención y la cohorte romana se limita a acompañar a la guardia judía, en el de Pablo las autoridades romanas parecen arrebatar a los judíos al preso de las manos. A ello podría alegarse que las circunstancias en las que el arresto de Jesús es iniciado podrían ser más similares a aquéllas en las que se inicia el de Pablo de lo que parece, y que aquella noche anterior a la víspera de Pascua bien pudo ocurrir que el arresto de Jesús se iniciara como una cuestión de orden público y, atenta como estaba la policía romana a lo que ocurría en la ciudad, se uniera al séquito que, enviado desde el Sanedrín, se dirigía raudo a la detención del profeta galileo. Si sí como si no, poco importa, porque lo que es verdaderamente chocante y aleccionador no es lo relatado hasta aquí, sino lo que se produce después, a saber, que, tanto en un caso como en otro, en un hermoso ejemplo de colaboración entre las autoridades dominantes y las autoridades dominadas, la poderosa patrulla romana pone el reo... ¡en manos de las autoridades judías! Y si no, veamos. Esto es lo que ocurre en la detención de Jesús:

«Entonces la cohorte, el tribuno y los guardias de los judíos prendieron a Jesús, le ataron y le llevaron primero a casa de Anás, pues era suegro de Caifás, el sumo sacerdote de aquel año» (Jn. 18, 12).

Y esto lo que pasa en la de Pablo:

«Al día siguiente, queriendo averiguar con certeza [el tribuno que le había detenido] de qué le acusaban los judíos [a Pablo], le sacó de la cárcel y mandó que se reunieran los sumos sacerdotes y todo el Sanedrín; hizo bajar a Pablo y le puso ante ellos» (Hch. 22, 30).

Como vemos, la colaboración entre las policías del ejército dominante y del pueblo dominado era habitual, se producía con frecuencia. En otras palabras, que la cohorte romana participara en la detención de Jesús como luego hará en la de Pablo, en absoluto quiere decir necesariamente que Jesús tuviera cuentas que rendir ante las autoridades romanas, y está más bien relacionado con el hecho de que estas temieran que la detención que la guardia judía iba a practicar podía tener implicaciones perniciosas para el orden público.

7. Los esenios

Este capítulo de los enemigos de Jesús estaría incompleto sin que nos refiriéramos a un último grupo de los que componía la sociedad que conoció Jesús, aunque la conclusión, que anticipamos desde ya, es que en modo alguno nos parece que pudiera militar entre aquéllos que militaron entre los enemigos del maestro de Nazaret. Nos referimos a los esenios, citados por Flavio Josefo en su obra las *Antigüedades* entre los cuatro partidos que componían la sociedad judía de principios del s. I.

Los esenios forman un grupo algo menor que el de los fariseos, unos cuatro mil según nos informa, una vez más, Flavio Josefo; radicado en el Qumram, a unos treinta kilómetros de Jerusalén, en el desierto de Judea, en el extremo noroeste del Mar Muerto, muy cerca de donde predicó Juan Bautista y de donde Jesús tomó de manos de este el bautismo.

Filón de Alejandría intenta hallar el origen de la palabra que les da nombre en el término *hosioi*, santo en griego. Si fue así o no, los esenios se veían a sí mismos como una especie de santos que habían concertado con Yahveh una nueva alianza, una especie de «nuevo pueblo elegido dentro del pueblo elegido», al que estaba contraindicado toda suerte de contacto con los que llaman «hombres del foso», esto es, todos aquéllos que no son esenios, y donde, por lo tanto, no cabía forma alguna de proselitismo. No solo eso, sino que determinadas lacras como mutilaciones, ceguera, cojera, lepra constituían, por sí solas, impedimento para entrar en la comunidad. El Maestro de Justicia, su jefe, no se recataba en escribir a sus correligionarios con toda sinceridad:

«Nos hemos separado de la mayoría del pueblo».

Restos arqueológicos de la comunidad de Qunram, presumiblemente esenia, aparecidos en 1950

En cuanto al origen de los esenios, está relacionado, como el de los fariseos, con el acceso a la dignidad de sumo sacerdote del asmoneo *Jonatán*, al que los documentos esenios llaman el *Sacerdote Impío*, contra el cual se rebela un anónimo personaje del que solo sabemos que pertenece a la familia de Sadoq —el sumo sacerdote del rey David que da lugar a un linaje que gobierna el Templo hasta la llegada de los sirio-seleúcidas—, y que se hace llamar el *Maestro de Justicia*. Nos hallamos, pues, hacia el año 150 a. C.

Como quiera que sea, constituyen los esenios una especie de comunidad monástica que convive en un complejo monástico, fuertemente jerarquizada, con formas desarrolladas de propiedad en común e igualitarismo, y exaltación de la pobreza y de la austeridad, lo que no es óbice para que uno de los documentos esenios hallados en Qumram, el llamado «rollo de cobre», contenga un inventario fabuloso de inacabables tesoros escondidos por todo el país.

Las palabras de Plinio según las cuales, «vivían sin mujeres ni dinero», hace pensar que practicaran formas de celibato, y así debía de ser efectivamente en el monasterio de Qumram. Pero junto a la comunidad monástica, existían células «seglares» no muy lejanas, en las que consta que algunos esenios optaban por el matrimonio, eso sí, indefectiblemente monógamo (la poligamia, aunque en desuso, no estaba proscrita en la Ley mosaica). Una de esas comunidades no monásticas podría estar establecida en la actual *Ain Fesja.*

Desde el punto de vista religioso, amén de la defensa de una estricta concepción de la Ley que incluía la estricta observancia de todas las normas de pureza ritual, al modo de los fariseos, les caracteriza su fe ciega en la providencia, que incluso les lleva a una especie de teoría de la predestinación de los seres humanos a su salvación o a su condena, en un debate que, durante los siglos venideros, ocupará a muchas de las mejores cabezas del cristianismo; su creencia en la inmortalidad del alma —concepto por cierto, ajeno al acervo judío— por contraposición a la corruptibilidad del cuerpo; y su esperanza en la existencia de un paraíso para las almas buenas y un infierno para las malas.

En lo relativo al mesianismo, los qumranitas creen en un doble mesiazgo, el del *mesías sacerdotal o de Aarón,* que necesariamente habría de ser un esenio, y el del *mesías político o de Israel,* subordinado a aquél, que podría ser alguien ajeno a la comunidad.

Otra importante originalidad de la secta qumránica es la sustitución del calendario lunar de los judíos por un calendario solar, lo que, de paso, suscitará el interés de los esenios por la astronomía, curiosidad presente en muchos de los textos que de ellos conocemos.

La comunidad de los esenios ha alcanzado indiscutible notoriedad con el descubrimiento en 1947 de los famosos *papeles del Mar Muerto* (siendo así que no son papeles), también llamados *documentos del Qumram*, en once grutas; descubrimiento que incluye, además de un Antiguo Testamento bastante completo que constituye el más antiguo ejemplar *masorético* (=en lengua hebrea) que se conserva, una serie de importantes apócrifos del Antiguo Testamento *(Henoc, Jubileos, Testamento de Leví)* y un gran número de libros propios, tales como la *Regla de la comunidad,* un rollo de *Himnos,* un rollo de *Salmos,* etc. La indudable importancia histórica de estos documentos, no debe llevarnos, sin embargo, a la falsa creencia de que aportan elementos sustanciales de comprensión de las circunstancias que envolvieron el nacimiento del cristianismo, fenómeno hacia el cual contienen nulas referencias. Por otro lado, tampoco son los documentos del Qumram los primeros testimonios que tenemos de los esenios, sino que, como ya hemos tenido ocasión de comprobar, no es poco lo que ya sabíamos de ellos a través de los escritos de *Filón de Alejandría* (n. h.20 a.C.-m.50 d. C.), *Plinio el Viejo* (n.23-m.79) y *Flavio Josefo* (n.37-m.100).

Los esenios desaparecen de manera repentina y definitiva, a finales del año 68, dentro de la campaña de Vespasiano y Tito destinada a liquidar, de una vez por todas, la resistencia judía contra el Imperio romano, la cual culminará, como sabemos, con la destrucción de Jerusalén y, notablemente, la del Templo. Aunque los esenios no estaban preparados para hacer la guerra, parece que supieron presentar algún tipo de resistencia, lo que atestiguan las investigaciones arqueológicas realizadas en la zona en la que se desenvolvieron. Todo lo cual no quita para que no llegaran a tiempo de esconder en las cuevas del desierto el preciado tesoro que, descubierto en 1947, ha representado para la secta una especie de renacer en las páginas de la historia.

Resta por determinar la influencia que los esenios pudieran haber tenido sobre la religión cristiana. En común tienen el mesías galileo y el Maestro de Justicia, su enfrentamiento con el clero oficial, si bien Jesús no llega a los extremos de los esenios, los cuales no pisan el Templo, que consideran usurpado. Y también su final sacrificial, el uno en la cruz, el otro en el campo de una desigual batalla. Ciertos aspectos ascéticos como la práctica del celibato, también les unen; otros, sin embargo, no: Jesús, por el contrario de la vida ascética que practican los esenios, gusta de comer y de frecuentar los ambientes considerados menos recomendables. Bien lo dice él de sí mismo:

«Ha venido el Hijo del Hombre, que come y bebe, y decís: "ahí tenéis un comilón y un borracho, amigo de publicanos y pecadores."» (Lc. 7, 34).

La condición sacerdotal en el Maestro de Justicia, laica en Jesucristo; y el carácter de la predicación de ambos personajes, elitista y cerrado aquél; universal, abierto y urbanita este, les separan, sin embargo, y no poco.

Donde sí pudieron ejercer una influencia los esenios es en el credo cristiano de segunda generación, aunque tampoco en este terreno conviene exagerar. Algunos ritos y algunos pensamientos asemejan a esenios y paleocristianos: la idea de una nueva alianza entre Dios y la comunidad que sustituye a la del Antiguo Testamento concertada con Moisés; la solidaridad entre sus miembros; una cierta concepción de la austeridad, de la santidad y hasta del celibato... Las abluciones esenias bien podrían hallarse en el origen del bautismo cristiano como sinónimo de purificación y conversión, más aún si se acepta la condición de esenio, o al menos, conocedor de los esenios, de Juan el Bautista; y hasta el carácter sagrado o sacralizable que para los esenios tenían el pan y el vino, podrían estar en la base de lo que representa, entre los cristianos, la celebración del importante episodio de la última cena de Jesús con sus discípulos, origen a su vez de lo que luego será la eucaristía.

Sin embargo, y a pesar de todo lo dicho, lo más honesto será reconocer que los esenios son, de todos los grupos judíos que estamos analizando, el único para el que ninguno de los evangelios contiene la menor referencia explícita, y que es más que improbable que Jesús tuviera con ellos ningún tipo de contacto, como no fuera accidental y desde luego, no registrado, ni en las fuentes cristianas, ni en las esenias.

Siempre queda, no obstante, la sugestiva idea de que Jesús y los esenios hubieran podido encontrarse en algún momento de la permanencia de aquél en el desierto de Judea, durante los cuarenta días que pasara en él después de recibir el bautismo de manos de Juan y justo antes de lo que habría de ser su posterior ministerio. Y desde luego, y no menos, la posible condición esenia o pseudo esenia de Juan el Bautista, con el que Jesús mantiene una relación cierta y bien conocida a lo largo de las páginas del Evangelio.

Rollos del Mar Muerto, presumiblemente pertenecientes a una comunidad esenia, aparecidos en 1950

8. Conclusión

Como vemos, el pacífico y conciliador mensaje de Jesús tiene la extraña virtud de conseguir enemigos por doquiera que es esparcido. Curiosamente, contemplamos el infrecuente espectáculo de un Jesús capaz de ganarse la animadversión de unos por una cosa —así la de los acomodados saduceos por temerse estos que su mensaje está dirigido a levantar a las masas contra el ventajoso *statu quo* vigente—, y de otros por la contraria —así la de los revoltosos celotes por no incorporar las masas sobre las que ejerce el poderoso influjo que ejerce, a la gloria y beneficio de la floreciente revolución.

Que Herodes y sus partidarios detesten la figura de Jesús nada tiene de particular, y es que, aunque Jesús, ya lo hemos visto, no haga valer políticamente en ningún momento sus posibles derechos al trono de los judíos, e incluso salga huyendo cuando teme que sus partidarios lo quieren exaltar a él, su ascendiente davídico le convierte, incluso a su pesar, en un molesto adversario para un rey que ocupa un trono «prestado». Ocurrida o no —al fin y al cabo, solo la relata Mateo (cf. Mt. 2, 16)—, la matanza de inocentes urdida por el temible padre de Herodes Antipas —nos referimos a Herodes el Grande— al conocer por los magos de oriente que había nacido un heredero de la estirpe de David, es una reacción perfectamente verosímil, *historisímil* diríamos, en las circunstancias históricas en las que se desenvuelve la existencia de Jesús. Y similar sensación de peligro a la que pudo sentir el padre en su momento, sintió sin duda el hijo, siendo como era que su trono estaba incluso menos consolidado que el de su predecesor en él. Con todo, ya hemos visto que Antipas, probablemente gran estratega, y, desde luego tal en los eventos que comentamos —el propio Jesús lo califica de «zorro» (cf. Lc. 13, 32) y si lo hace es reconociendo en él la astucia que le caracteriza—, renuncia a entrar en escena y deja hacer a los demás, consciente de que, gustosos o no, todos juegan para él.

La más difícil de entender en el complicado tablero de ajedrez que analizamos resulta la posición de los fariseos. Para empezar, suficientemente ha quedado demostrado que la posición de dicho grupo hacia Jesús no fue ni unánime ni invariable. Pero, por otro lado, lo cierto es que es demasiado lo que la ideología de uno, Jesús, y otros, los fariseos, comparten; es obvio que Jesús tiene buenos amigos entre los fariseos; no es menos evidente que el mensaje cristiano tiene facilidad para calar en amplios sectores fariseos, lo que se demuestra cierto tanto mientras vive Jesús como una vez que ha desaparecido de la escena.

¿Qué ha pasado pues? Tan solo existe una posible explicación a la inquina que uno y otros se observan: es la inquina de quienes los que se mantienen en el grupo observan hacia quien lo ha abandonado, y además de una manera bastante exitosa, atrayéndose no pocas voluntades. La simpatía de la que Jesús, indudablemente, disfruta entre algunos fariseos, se halla en la base, con toda probabilidad, de la inquina insuperable que le profesan los que no se la tienen. En términos matemáticos: a más simpatía de los primeros, más antipatía de los segundos.

Con todo, y por mucho que haya que escarbar en el tono general del Evangelio para obtener conclusión tal, los fariseos no adquieren un papel preponderante en los acontecimientos que conducen al final de Jesús. Dos de ellos —el uno, Nicodemo (cf. Jn. 7, 50), lo es con alto grado de seguridad; el otro, José de Arimatea, podría serlo o no—, incluso hacen algo más que dar la cara por Jesús en los momentos en que ni siquiera sus discípulos están con él. Muy posiblemente, un tercer fariseo, el Gamaliel del que habla Lucas en Hch

5, 34-42, observara en el juicio de Jesús una posición hacia él definible cuanto menos como de benévola. Y, sin embargo, lo que sí parece cierto es que el abrupto debate que Jesús mantiene con los fariseos acaba contribuyendo grandemente a la notoriedad que su persona tiene en todos los lugares de Palestina, y, por ende, a convertirle en el peligro en el que se acaba convirtiendo para el orden público, constituyendo con claridad el caldo de cultivo necesario para que las cosas llegaran hasta donde llegaron. No es difícil de aceptar que, a muchos, o por lo menos algunos, de los fariseos que participaran en su momento del ambiente general hostil contra Jesús, pudiera quedarles, una vez consumado el fatal desenlace, una desagradable sensación de remordimiento, similar tal vez a la que Mateo atribuye a Judas, el apóstol traidor (cf. Mt. 27, 3-5), una especie de «quizás no deberíamos haber llegado tan lejos».

Lo que desde luego queda claro es que Jesús es bien consciente de donde se encuentran sus enemigos, y así se lo hace ver a los apóstoles:

«Abrid los ojos y guardaos de la levadura de los fariseos y saduceos» (Mt. 16, 6).
«Abrid los ojos y guardaos de la levadura de los fariseos y de la levadura de Herodes» (Mc. 8, 15).

Por último, el papel de Roma en toda esta historia, y por el contrario de lo que hemos visto en el caso de los fariseos, es muy fácil de entender. En la peligrosísima ciudad de Jerusalén bajo el gobierno directo de gobernadores romanos desde hace ya un cuarto de siglo y conocida por su obstinada e infatigable rebeldía, cualquier movimiento sospechoso de generar conflicto ha de exterminarse de raíz, que tal, y no otra, es la regla básica de cualquier invasor que se precie.

Por mucho colorido que pueda aportar a la narración, poco importa a los efectos que Pilato pensara bien o mal de Jesús, que sintiera o no sintiera simpatía hacia su persona. Poco importa, incluso, que Jesús sea inocente o que sea culpable. Muy a pesar, tanto de Jesús como, probablemente, también del propio Pilato, Jesús se ha convertido en un enojoso problema de orden público —los evangelistas son particularmente hábiles en describir la atmósfera motinaria que se respira en el Jerusalén de la noche prepascual, en la que Jesús es crucificado—, y la única manera de resolverlo para quien tiene la responsabilidad y la capacidad de hacerlo, se antoja una ejecución rápida y ejemplar que, además, coincide plenamente con la que le reclaman sus revoltosos súbditos para concederle, digámoslo así, si quiera unos días de tregua y asueto.

2. EL JUICIO

1. La Última Cena

Los hechos que vamos a tener ocasión de comentar en las siguientes líneas, y que han condicionado la historia de manera indiscutible desde que tuvieron lugar un buen día de la cuarta década del s. I, comienzan a producirse justo donde termina la que cabe suponer una copiosa refección que el maestro ga•lileo Jesús de Nazaret celebra en compañía de sus discípulos con la idea muy clara, según nos lo presentan los evangelistas, de que se trata de su última cena con ellos:

> «Y os digo que desde ahora no beberé de este producto de la vid hasta el día aquel en que lo beba con vosotros, de nuevo, en el Reino de mi Padre» (Mt. 26, 29; prácticamente idéntico en Mc. 14, 25 y en Lc. 22, 18).

En Juan, las palabras de Jesús son diferentes, pero sirven para expresar lo mismo:

> «Dentro de poco ya no me veréis» (Jn. 16, 16).

Esta cena que es pascual, según los tres sinópticos, aunque no lo es según Juan —tendremos ocasión de referirnos a ello más adelante, pues el dato es clave para determinar la fecha en la que tienen lugar los acontecimientos a los que se dedica este libro—, debió de comenzar al anochecer, de acuerdo con lo que es común para cualquier cena, también entre los judíos, pero también con lo que manda el libro del *Éxodo* en el caso de que la cena fuera estrictamente pascual:

> «La guardaréis [la res elegida para celebrar la Pascua] hasta el día catorce de este mes; y, congregada toda la comunidad de Israel, la inmolará al atardecer. Tomaréis luego la sangre y untaréis las dos jambas y el dintel de las casas donde la comáis. Esa noche comeréis la carne» (Ex. 12, 6-8).

La última Cena. Jacopo Bassano (1546). Galeria Borghese. Roma

Un anochecer que, por las fechas en las que los hechos en cuestión tuvieron lugar, debió de producirse hacia las siete de la tarde.

En cuanto al lugar en el que tiene lugar tan especial refección, y aunque los textos canónicos nada nos digan con precisión sobre su emplazamiento, sí son bastantes las características que podemos recabar a partir de lo que dichos libros nos refieren.

En primer lugar, es un lugar que Jesús conoce bien y que es propiedad de alguien a quien Jesús igualmente conoce, aunque por cualquier extraña razón, los tres evangelistas que realizan el relato, Mateo, Marcos y Lucas —Juan no dice nada al respecto— se abstienen de decir su nombre:

«Él les dijo: "Id a la ciudad, a un tal, y decidle: 'El Maestro dice: Mi tiempo está cerca; en tu casa voy a celebrar la Pascua con mis discípulos'."» (Mt. 26, 18; similar a Mc. 14, 12-14; Lc. 22, 7-11).

A dicho celo en ocultar la identidad del propietario se le pueden dar algunas explicaciones. Primero, que el lugar fuera secreto, lo que, aunque en algún momento puede llegar a explicarse, para cuando se escribe el primer evangelio, tal vez el de Marcos, como pronto en los últimos años cincuenta, pero casi treinta años después de acontecidos los hechos, parece que no tiene ya explicación. Segundo y más probable; que el propietario fuera alguien cuya complicidad con la secta cristiana pudiera comprometerle en su actividad cotidiana, lo que ha hecho pensar en alguno de los personajes de más alta alcurnia de los que deambulan por el Evangelio: José de Arimatea —suficientemente comprometido, sin embargo, con su implicación en los eventos relativos a la sepultura de Jesús, pues como veremos es quien pide a Pilato el cuerpo de Jesús y quien cede el sepulcro en el que sepultarle—; Nicodemo, igualmente implicado en los eventos de la sepultura de Jesús. Se ha especulado también con la madre del propio evangelista Marcos, lo que tiene visos de veracidad, por cuanto que, por un lado, sabemos que la madre de Marcos militaba entre los discípulos, a los cuales aporta importantes servicios con sus bienes (cf. Hch. 12, 12-17); y por otro, Marcos bien podría estar interesado en ocultar la condición cristiana de su madre, y tampoco puede disimular en su relato hasta cierto orgullo y cercanía cuando describe la sala en cuestión:

«Él os enseñará en el piso superior una sala grande» (Mc. 14, 15).

Sabemos, o podemos permitirnos suponer con alta probabilidad de acierto, que, en el mismo lugar, amén de los eventos estrictamente relacionados con la última cena de Jesús que mencionan los cuatro evangelios —el lavatorio de los pies (cf. Jn 13, 4-17), los discursos de despedida (cf. Jn 14; 15; 16; 17); los anuncios de la traición de Judas (Mt. 26, 20-25; Mc. 14, 17-21; Lc. 22, 21-23; Jn. 13, 21-30) y de las negaciones de Pedro (Mt. 26, 30-35; Mc. 14, 26-31; Lc. 22, 31-34; Jn. 13, 38); el mandamiento del amor (cf. Jn 15); la institución de la eucaristía (cf. Mt 26, 26-29; Mc 14, 22-25; Lc 22, 19-20; 1Cor 11, 23-26) y otros— tuvieron lugar también eventos importantes de la primera comunidad cristiana. Así v.gr. algunas de las apariciones de Jesús (cf. Jn 20,19-23; Mc 10, 14; Lc 24, 36-45); así también la elección de Matías como el apóstol suplente de Judas (cf. Hch. 1, 15-26); así pentecostés (cf. Hch. 2,1-12). Es de suponer que dicha estancia fuera también aquélla en la que vivieron los apóstoles mientras estuvieron radicados en Jerusalén:

«Entonces se volvieron a Jerusalén desde el monte llamado de los Olivos, que está próximo a Jerusalén, la distancia de un camino sabático. Y cuando llegaron, subieron a la estancia superior, donde vivían Pedro y Juan; Santiago y Andrés; Felipe y Tomás; Bartolomé y Mateo; Santiago el de Alfeo, Simón el Zelota y Judas de Santiago» (Hch. 1, 12-13).

Con estos datos, la tradición cristiana ha venido emplazando el cenáculo en cuestión al sudoeste de la ciudad de Jerusalén, cerca de la Puerta de los Esenios, apenas cien metros al sur de la Casa de Caifás, a prácticamente un kilómetro del Templo y a kilómetro y medio del jardín de Getsemaní. Un emplazamiento que fue custodiado por agustinos, primero, y por franciscanos, después, siendo estos últimos los que le dieron la forma que hoy día podemos contemplar. Expulsados los franciscanos en 1561, en el mismo lugar, y con solo añadirle un mihrab, se erigió la mezquita de *Nabi Daud* (=del profeta David), así llamada por ser tradición que en dicho lugar se hallaba además la tumba del mítico rey judío, profeta también, por cierto, del islam.

2. La detención

Terminada la que ha de ser su última cena en el lugar que hemos señalado, Jesús se retira a Getsemaní (=lagar de los aceites) según lo llaman Mateo y Marcos (cf. Mt. 26, 36; Mc. 14, 32), el Monte de los Olivos según lo denomina Lucas (cf. Lc. 22, 39), «al otro lado del torrente Cedrón», según lo describe Juan (cf. Jn. 18, 1), distintas maneras de definir siempre el mismo lugar: un promontorio al este del Templo, a apenas trescientos metros de la fachada oriental de este y fuera del recinto de la ciudad de Jerusalén, según estaba configurada en tiempos de Jesús.

Allí reza Jesús, y allí se presenta el apóstol traidor, Judas, acompañado de un grupo, cuya heterogénea composición ya hemos comentado, con el único objeto de proceder a su detención. En cuanto a la hora en la que esta detención se produce, los evangelios no incluyen reseñas que nos permitan afinar demasiado. El hecho de que los eventos sean posteriores a una cena, y la circunstancia de las antorchas y linternas que portan los que forman el grupo que prende a Jesús según nos indica Juan (cf. Jn. 18, 3), o la dificultad de los discípulos de mantenerse en vela mientras Jesús ora, a la que se refieren los sinópticos (cf. Mt. 26, 40; Mc. 14, 37; Lc. 22, 45) —algo a lo que también podía ayudar el bastante vino probablemente consumido—, permite asegurar que cuando Jesús es prendido es de noche, pero poco más. Teniendo en cuenta que en las fechas en las que los eventos en cuestión tienen lugar, finales de marzo, primeros de abril, la noche no cae más tarde de las siete de la tarde, podemos aventurar, con un margen de error que en ningún caso debería exceder la hora, que cuando Jesús es prendido es algo así como las nueve de la noche. Tiene ante sí el maestro galileo las dieciocho horas más largas y penosas de su vida, aquéllas que le van a conducir hasta la muerte, y no cualquier muerte, sino la peor de todas, dieciocho horas en las que los acontecimientos se van a precipitar de manera tan imparable como insoslayable y terrorífica.

El prendimiento de Jesús. Giotto di Bondone. Cappella Scrovegni (1305)

Una vez detenido, comienza propiamente lo que llamaríamos el juicio de Jesús, un juicio que como veremos termina siendo tan complejo como singular, singularidad que lo convierte, por demás, en irregular como el que más.

Por empezar a acotar los hechos y dentro de lo que son unas coordenadas generales comunes, lo cierto es que el relato de este juicio es muy distinto en cada uno de los cuatro evangelistas, por lo que, aunque existan otras sistematizaciones posibles para intentar conciliar o interpretar los cuatro relatos, nosotros optaremos por aquélla que diferencia tres juicios diferentes, a saber:

1º.- El juicio judío: aunque los cuatro evangelistas coinciden en que es un juicio en doble fase, dicho juicio tiene, sin embargo, una estructura totalmente diferente en cada uno de ellos.

2º.- El juicio de Herodes, al que llamaremos «juicio galileo»: veremos que en realidad se trata de un juicio frustrado que no llega a tener lugar, y al que, para mayor confusión, solo se refiere un evangelista.

3º.- El juicio romano: aquél en el que, después de todo, los cuatro cronistas evangélicos registran una mayor similitud.

3. El juicio judío

El que damos en llamar «el juicio judío de Jesús» es un juicio extraño, en el que concurre la doble circunstancia de ser narrado en los cuatro evangelios, aunque en todos ellos de manera muy diferente, y en el que el protagonismo debería recaer, y de hecho recae, aunque ya veremos en qué circunstancias, sobre una importante institución judía conocida como el Sanedrín (del griego *syn*=con y *edra*=asiento, «con asiento» literalmente), por lo que no estará de más que dediquemos a la misma una someras líneas que sirvan para ponerla en el contexto en el que los hechos que analizamos tuvieron lugar.

3.1. EL SANEDRÍN JUDÍO

Aunque históricamente hablando no se puede hablar de una existencia sin solución de continuidad, el Sanedrín judío de Jerusalén viene a ser el heredero del Consejo de Ancianos que Dios ordena constituir a Moisés —hablamos, pues, del siglo XIII a. C.— con setenta miembros más el propio profeta:

«Yahvé respondió a Moisés: "Reúneme setenta ancianos de Israel, de los que te consta que son ancianos y escribas del pueblo. Llévalos a la Tienda del Encuentro [precedente del Templo, que construirá dos siglos después] y que estén allí contigo"» (Nu. 11, 16).

El Talmud diferencia entre el Gran Sanedrín y el Pequeño Sanedrín:

> «El gran Sanedrín estaba compuesto de setenta y un miembros, y el pequeño de veintitrés. Se sabe el número del Gran Sanedrín del que está dicho: "reúneme setenta hombres entre los ancianos de Israel", o sea, setenta y uno con Moisés. Según Rabí Judá basta con setenta para el Gran Sanedrín. El pequeño se compone de veintitrés, según las palabras "la comunidad juzgará", "la comunidad salvará"» (jSan. 6, 1 guemará).

Grabado representando una visión idealizada del Sanedrín judío (1883)

Aunque es posible que existiera ya hacia el s. V a. C., la primera mención que hallamos a algo similar a una asamblea judía al modo de un sanedrín remonta al año 203, en el que aparece una mención en una carta dirigida por el rey Antíoco III de Siria (223-187) a los judíos, carta de la que se hace eco Josefo, gracias al cual la conocemos:

«Dado que los judíos, no sólo en el instante mismo que invadimos el país mostraron su aprecio por nosotros, sino cuando llegamos a su ciudad, nos recibieron espléndidamente, por un lado, saliendo a nuestro encuentro con el Senado [=sanedrín]» (Ant. 12, 3).

Bajo el nombre de Sanedrín, aparece ya en el reinado de Hircano II (63-40), y está compuesto de tres estamentos, cada uno de los cuales, en principio, con veintitrés escaños en la cámara del Sanedrín. El primero, el de los sacerdotes, elegido entre los sacerdotes, una clase este que ascendía a unos seis mil miembros distribuidos en veinticuatro órdenes de doscientos a trescientos miembros cada una, que se turnaban para el servicio del templo, residentes en todas partes de Palestina. El segundo, el de los escribas, expertos en la Ley. Y el tercero, llamado de los ancianos, compuesto por los miembros más notables, no necesariamente ancianos, de la sociedad judía. A lo que añadir un presidente y un vicepresidente o tesorero, hasta completar el número de setenta y uno.

El Sanedrín es el más importante órgano de gobierno de los judíos, con funciones de carácter tanto ejecutivo, como legislativo, como judicial (falta mucho todavía para el advenimiento de Montesquieu y su separación de poderes), y tanto en el terreno de lo civil como en el de lo religioso.

En el Talmud se realiza una tasación de sus funciones que cabe definir como orientativa:

«Hace falta un tribunal de setenta y un miembros para juzgar a una tribu entera, o a un falso profeta, o al sumo sacerdote; hace falta tal asamblea para declarar la guerra no obligatoria; e igualmente para agrandar Jerusalén o los anexos del Templo y sus arrabales. Sólo el tribunal de setenta y un miembros tiene derecho para instalar sanedrines de veintitrés miembros en las provincias. Hace falta también un tribunal de setenta y un miembros para el proceso y castigo de toda una ciudad culpable de paganismo» (jSan. 1, 5, guemará)

A su frente se halla «el» sumo sacerdote, y si entrecomillamos el artículo es porque, así relacionado, se refiere solo al jefe del Sanedrín, independientemente de que todo un estamento de este, el primero, se eligiera entre los sacerdotes del Templo. A estos efectos, se ha de señalar que los evangelistas se refieren a dicho estamento sacerdotal del Sanedrín siempre, o casi siempre, bajo el apelativo de «los sumos sacerdotes»: una sesentena de veces a lo largo de todo el texto evangélico. Tal circunstancia no debe resultarnos tan extraña: es posible que se tratara simplemente de diferenciar entre los sacerdotes comunes que atendían el servicio al Templo y aquéllos, de un rango superior, con responsabilidades además en el Sanedrín. Aunque también es posible una segunda explicación, y es que, aunque como señala Josefo, «al principio, los sumos sacerdotes ocupaban el cargo vitaliciamente» (Ant. 20, 10, 1), la que le toca vivir a los evangelistas es una época en la que se produce una alta rotación de sumos sacerdotes —hasta que llega Caifás que sí dura un largo período, nada menos que dieciocho años, los sumos sacerdotes apenas duran un año de media—, y al quedarse los sumos sacerdotes como sacerdotes en el Sanedrín, aun cuando hubieran cesado en el magno cargo, al final el cuerpo de los sacerdotes comprendía un verdadero colegio de sumos sacerdotes, entre el que lo era en el momento y todos los que lo habían sido con anterioridad. Al sumo sacerdote que preside el Sanedrín corresponde el título de príncipe, nasi en hebreo.

De cara a describir el ambiente reinante en el Sanedrín en tiempos de Jesús, existe un reseñable trabajo realizado por Augustin y Joseph Lémann bajo el título *La asamblea que condenó a Jesucristo,* en el que los dos hermanos judíos, convertidos al catolicismo y ordenados sacerdotes, intentan reconstruir la nómina de componentes que pudo tener el Sanedrín que conoció Jesús, lo que realizan a partir de una esmerada lectura de los textos canónicos cristianos, la obra de Josefo y el Talmud judío. El resultado es una lista de treinta y ocho personas, a saber, dieciocho miembros del cuerpo de sacerdotes, trece del cuerpo de los escribas y siete del cuerpo de los ancianos. Treinta y ocho de setenta y uno, no está mal, un 53% de la nómina completa de la asamblea, más de la mitad. Entre ellos se incluyen nombres tan conocidos del lector de los Evangelios como Caifás, Anás, Gamaliel, Nicodemo, José de Arimatea, Alejandro, Jonatán, y otros ajenos al mismo como Eleazar, Simón Ben Fabi, Simón Cantero, etc. El trabajo tiene visos de verosimilitud, si bien, y aún a pesar del ímprobo esfuerzo, se antoja improbable que todos los treinta y ocho nombres aportados formaran parte efectivamente del tribunal que juzgó a Jesús, aunque pudieran formar parte de él en un momento anterior o posterior. Con que quince o veinte sí lo hicieran, el trabajo habría valido la pena.

En cuanto a la composición ideológica de los componentes del Sanedrín, se puede afirmar que se la repartían en distinta medida saduceos y fariseos, de lo cual es buena prueba este episodio que cabe datar en el año 58, esto es, menos de treinta años después de la crucifixión de Jesús, el cual tiene por protagonista a Pablo, juzgado ante el Sanedrín:

> «Pablo, dándose cuenta de que una parte eran saduceos y la otra farisea, gritó en medio del Sanedrín: "Hermanos, yo soy fariseo, discípulo de fariseos; por la esperanza en la resurrección de los muertos me juzgan". Al decir él esto, se produjo un altercado entre fariseos y saduceos y la asamblea se dividió» (Hch. 23, 6-7).

Por estamentos, cabe establecer que en la época de Jesús y después, en el colegio de los sacerdotes y en el de los ancianos quizás fueran mayoritarios los saduceos, que por Josefo sabemos que dominaban el Templo —sacerdotes— y eran gente bien establecida —ancianos—. En tanto que en el de los escribas quizás lo hicieran los fariseos, identificados unos y otros tan a menudo en los Evangelios, tanto así que la locución «escribas y fariseos» aparece repetida entre los cuatro textos evangélicos en nada menos que dieciocho ocasiones, lo que demuestra la asociación que los evangelistas hacían de la profesión —escriba— con la ideología fariseo—. Dado que los saduceos dominaban tanto el estamento de los sumos sacerdotes y el de los ancianos, quizás haya que establecer que el principal partido del Sanedrín fuera, precisamente, el de los saduceos, representando los fariseos una especie de «partido de la oposición». A los efectos, los puntos que separaban ideológicamente a saduceos y fariseos, los cuales conocemos bien gracias a la descripción que de unos y otros hace Josefo, giran en torno a la creencia en la vida eterna, sí los fariseos, no los saduceos; a la aceptación de la ley oral, sí los fariseos, no los saduceos; a la esperanza en el mesías, común a los dos, pero mayor entre los fariseos; y al acomodamiento al invasor romano, mejor los saduceos, peor los fariseos.

Cuestión diferente es la siguiente: ¿había herodianos en el Sanedrín? En el trabajo de identificación de los componentes del Sanedrín que debemos a los hermanos Lémann al que nos hemos referido, no se relaciona ninguno al que quepa propiamente adscribir a un hipotético partido herodiano. Ahora bien, la hipótesis no se presenta como imposible. Es cierto que Herodes reinaba en Galilea, y no menos lo es que el Sanedrín tenía su sede y su jurisdicción en Judea. Ahora bien, la vocación del pueblo judío en ningún momento ha dejado de abarcar la totalidad del suelo palestino, desde la región de Galilea en el norte, hasta la región de Edom en el sur. Herodes bien podía tener sus partidarios en Jerusalén —de hecho, varias son las menciones evangélicas a los encuentros de Jesús con ellos en la ciudad santa del judaísmo (v.gr. Mt. 22, 16)— y algún galileo bien podría formar parte del Sanedrín. Así que, aunque nada se pueda asegurar al respecto, como hipótesis, no nos parece rechazable que alguno de los miembros del Sanedrín, sobre todo de los pertenecientes al tercer estamento, el de los ancianos, pudiera ser partidario en mayor o menor medida de la dinastía idumea a la que pertenecía el rey de Galilea.

Por supuesto que la presencia en el Sanedrín de celotes, en la clandestinidad, o de esenios, que habían roto con el Templo y vivían fuera de Jerusalén, ni se cuestiona.

En cuanto a su sede, aunque podía reunirse en lugares alternativos como por ejemplo la casa del sumo sacerdote, el Sanedrín realizaba sus reuniones solemnes en el Templo, costumbre que retraía a los más viejos tiempos. Es más, desde un siglo antes de Jesucristo se había venido consolidando la costumbre de que solo en el Templo, y en un lugar muy concreto de él, el Salón de las Piedras Talladas, se podía emitir una condena a muerte. Así lo dice el Talmud:

> «Cuando se abandona la sala Gazit [de las piedras talladas] no se puede dictar contra nadie una sentencia de muerte» (bAbodaZara 1, 8. Tomado de La asamblea... Lémann).

3.2. EL IUS GLADII, O DERECHO DE LOS JUDÍOS A APLICAR LA PENA DE MUERTE

Una de las cuestiones más importantes en lo relativo al juicio y condena de Jesús a morir en la cruz, es la que se refiere a la capacidad de los judíos de la provincia de Judea de ejecutar por sí mismos, a través del Sanedrín, una sentencia capital como la que le imponen al profeta de Galilea.

Pues bien, lo primero que se ha de decir al respecto es que, con la dominación romana producida a partir del momento en el que Arquelao en el año 6 d. C. es depuesto y su tetrarquía sometida a la administración directa de los invasores, la institución judía del Sanedrín, tal y como era de esperar y a nadie debe extrañar, cae en decadencia, perdiendo casi todas sus funciones de carácter ejecutivo, y manteniendo apenas algunas funciones de carácter judicial. Y aún estas, no sin limitaciones, una de las cuales reviste importancia capital. Y es que, según se extrae del relato de los evangelios, al Sanedrín judío que juzga a Jesús no le es dado ejecutar la condena a muerte de una persona, en otras palabras, carece del llamado *Ius Gladii,* traducible como «derecho de espada». Este hecho, perfectamente coherente, por otro lado, con la afirmación de Tácito según la cual «los romanos se reservan el derecho a usar la espada y olvidan el resto», se les antoja a los tres evangelistas sinópticos tan evidente, que el mismo se extrae de una manera implícita de sus respectivos relatos, los cuales, con toda naturalidad y sin mayores aspavientos, describen cómo, una vez finalizado el juicio de Jesús en el Sanedrín, sus miembros se dirigen al procurador romano con el reo para que aquél sancione la sentencia de muerte emitida y la ejecute.

> «Y levantándose todos ellos [los miembros del sanedrín] le llevaron ante Pilato» (Lc. 23, 1, similar a Mt. 27, 2 y a Mc. 15, 1).

El cuarto evangelista Juan, por el contrario que sus colegas, sí estima que el asunto reviste suficiente importancia como para dedicarle si quiera un comentario, y se detiene en él dando una explicación que, no por breve, no es, también, suficientemente aclaratoria:

> «Pilato replicó: "Tomadle vosotros y juzgadle según vuestra ley." Los judíos replicaron: "Nosotros no podemos dar muerte a nadie"» (Jn. 18, 31).

Nos encontramos aquí ante un asunto peliagudo, cual es el de la forma que debían adoptar en la Judea del primer tercio del s. I los procesos penales en los que se viera involucrada la vida de una persona. El gran cronista de la época que es Josefo, en su obra *Las Guerras Judías*, probablemente terminada hacia el año 79 d. C., al hablar del momento en que se produce la deposición del tetrarca judío Arquelao, uno de los hijos de Herodes, y su territorio es puesto bajo las órdenes del procurador romano Coponio en el año 6 d. C., afirma:

> «Reducidos los límites de Arquelao a una provincia de los romanos, fue enviado un caballero romano, llamado Coponio, por procurador de ella, dándole César poder para ello» (Bell. 2, 7).

En su obra Antigüedades escrita unos tres lustros después, se muestra Josefo un poco más explícito sobre el personaje, escribiendo:

> «Y con él [con el legado sirio Cirino] fue enviado también Coponio, perteneciente al orden ecuestre, para gobernar a los judíos con poderes absolutos» (Ant. 18, 1, 1).

La cuestión debe formularse en los siguientes términos: donde Josefo dice «poder para ello» o «poderes absolutos» ¿se debe entender que uno de esos poderes que recibe Coponio es el de aplicar la pena capital, y lo que es aún más importante, el de hacerlo con exclusividad, lo que implicaría la imposibilidad de imponerla y aplicarla a toda autoridad que no fuera la romana?

La afirmación de que la situación imperante en Judea no permitía a los judíos aplicar la pena de muerte a sus nacionales, casa mal con otros testimonios con los que nos tropezamos en los propios textos canónicos, y más concretamente con el Evangelio de san Juan. Y es que, amén de aquella ocasión que todos conocemos sobradamente, cuyo desenlace lo ponen las tres cruces que recortarán el horizonte del Gólgota un buen día cercano a la Pascua judía, Jesús está a punto de ser ejecutado por sus compatriotas judíos en otras ocasiones, y no precisamente pocas.

La primera tiene lugar con ocasión de la presencia del profeta galileo en Jerusalén para celebrar la fiesta de las tiendas, unos seis meses antes de la que será su última Pascua. Jesús lleva a cabo un diálogo con un grupo de judíos cuya extracción y composición no nos aclara el evangelista. El debate se va haciendo más abrupto, y se llega a una situación extrema, donde sus compatriotas le reprochan:

«"¿Eres tú acaso más grande que nuestro padre Abrahán, que murió? También los profetas murieron. ¿Por quién te tienes a ti mismo?" Jesús respondió: "Si yo me glorificara a mí mismo, mi gloria no valdría nada; es mi Padre quien me glorifica, de quien vosotros decís: 'Él es nuestro Dios', y sin embargo no le conocéis, yo sí que le conozco, y si dijera que no le conozco, sería un mentiroso como vosotros. Pero yo le conozco, y guardo su palabra. Vuestro padre Abrahán se regocijó pensando en ver mi Día; lo vio y se alegró." Entonces los judíos le dijeron: "¿Aún no tienes cincuenta años y has visto a Abrahán?" Jesús les respondió: "En verdad, en verdad os digo: antes de que Abrahán existiera, Yo Soy."» (Jn. 8, 53-58).

Llegados a este punto, esto es lo que ocurre:

«Entonces tomaron piedras para tirárselas; pero Jesús se ocultó y salió del Templo.» (Jn. 8, 59).

La segunda se produce igualmente en Jerusalén, unos tres meses después de la anterior, y, por lo tanto, apenas tres meses antes de la que será la última pascua del maestro galileo. Ocurre en pleno Templo, concretamente en el pórtico de Salomón, durante la fiesta de la dedicación, en hebreo la *hanuká*, que conmemora la resistencia de los Macabeos contra los greco-sirios:

«Le rodearon los judíos, y le decían: "¿Hasta cuándo vas a tenernos en vilo? Si tú eres el Cristo, dínoslo abiertamente". Jesús les respondió: "Ya os lo he dicho, pero no me creéis. Las obras que hago en nombre de mi Padre son las que dan testimonio de mí; pero vosotros no creéis porque no sois de mis ovejas. Mis ovejas escuchan mi voz; yo las conozco y ellas mi siguen. Yo les doy vida eterna y no perecerán jamás, y nadie las arrebatará de mi mano. El Padre, que me las ha dado, es más grande que todos, y nadie puede arrebatar nada de la mano del Padre. Yo y el Padre somos uno". Los judíos trajeron otra vez piedras para apedrearle. Jesús les dijo: «Muchas obras buenas de parte del Padre os he mostrado. ¿Por cuál de esas obras queréis apedrearme?"» (Jn. 10, 24-32).

El desenlace, idéntico al del evento que hemos narrado arriba:

«Querían de nuevo prenderle, pero se les escapó de las manos» (Jn. 10, 39).

Estando en Galilea, que no en Judea en esta ocasión, y en un momento bastante anterior de su ministerio, Lucas se hace eco también de un episodio similar a los que relata Juan. El relato nos presenta a Jesús predicando en la sinagoga de su propio pueblo, Nazaret, cosa que hace un sábado. Su discurso, en el que con meridiana claridad se proclama el mesías esperado por el pueblo judío, enciende las luces de alarma en la pequeña aldea en la que casi nunca pasa nada. Y esto es lo que nos dice Lucas que ocurre entonces:

«Al oír estas cosas, todos los de la sinagoga se llenaron de ira y, levantándose, le arrojaron fuera de la ciudad y le llevaron a una altura escarpada del monte sobre el cual estaba edificada su ciudad para despeñarle» (Lc. 4, 28-29).

El desenlace del episodio de Lucas, idéntico al de los de Juan:

«Pero él [Jesús], pasando por medio de ellos, se marchó». (Lc. 4, 30).

Por si todo ello fuera poco, apenas unos días antes de que sus compatriotas judíos estuvieran a punto de lapidar a Jesús por primera vez y no lo hicieran por la nada desdeñable razón de que de manera misteriosa se les escapa de las manos, el Evangelio de Juan nos presenta una nueva escena de lapidación sumaria ocurrida también en Jerusalén. Se trata en esta ocasión de una mujer acusada de adulterio, que iba a ser apedreada por sus irascibles conciudadanos, y a la que solo la providencial presencia e intervención de Jesús salva, no solo de una muerte que es segura, sino también atroz. El evento ocurre de la siguiente manera:

«Los escribas y fariseos le llevan una mujer sorprendida en adulterio, la ponen en medio y le dicen: "Maestro, esta mujer ha sido sorprendida en flagrante adulterio. Moisés nos mandó en la Ley apedrear a estas mujeres. ¿Tú qué dices?". Esto lo decían para tentarle, para tener de qué acusarle. Pero Jesús, inclinándose, se puso a escribir con el dedo en la tierra. Pero, como ellos insistían en preguntarle, se incorporó y les dijo: "Aquel de vosotros que esté sin pecado, que le arroje la primera piedra". E inclinándose de nuevo, escribía en la tierra. Ellos, al oír estas palabras, se iban retirando uno tras otro, comenzando por los más viejos; y se quedó solo Jesús con la mujer, que seguía en medio. Incorporándose Jesús le dijo: "Mujer, ¿dónde están? ¿Nadie te ha condenado?". Ella respondió: "Nadie, Señor". Jesús le dijo: "Tampoco yo te condeno. Vete, y en adelante no peques más".» (Jn. 8, 3-11).

¿Cómo casan todos estos eventos narrados, con la afirmación de los cuatro evangelistas, y particularmente de Juan, en el sentido de que los judíos no podían aplicar la pena de muerte?

Casar, casan mal, desde luego. Ahora bien, son bastante más compatibles de lo que a bote pronto pudiera parecer. Y es que no se ha de perder de vista que en cualquiera de los cuatro casos citados —tres de ellos acontecidos en Judea, el cuarto en Galilea; tres narrados por Juan, uno por Lucas—, los judíos parecen actuar bajo los efectos de la *ley de Lynch*, el linchamiento en otras palabras, sin que haya precedido la actuación de juez o tribunal alguno, y menos aún, la del Sanedrín.

Junto a estos casos en los que las circunstancias políticas son prácticamente idénticas a las que imperaban en Judea cuando se produce el caso Jesús, y todavía sin salir de los textos canónicos, podemos contemplar otras ejecuciones en los que dichas circunstancias sí varían, y no poco significativamente, como tendremos ocasión de ver.

Así, gracias a los autores canónicos, conocemos cómo el rey Herodes Antipas, que reina en Galilea entre los años 4 a. C. y 39d. C., manda decapitar a Juan el Bautista (cf. Mt. 14, 3-12), evento que, a mayor abundamiento, ratifica un texto no cristiano cual es el libro de las *Antigüedades judías* del citado Flavio Josefo (cf. Ant. 18, 5, 2). O cómo Herodes Agripa I, que reina entre los años 41 y 44 de nuestra era, hace lo propio, ahora sí en Judea, con el apóstol Santiago el Mayor (cf. Hch. 12, 1), e incluso lo intenta —sin conseguirlo pues se le escapa— con Pedro (cf. Hch. 12, 3-17), «nadería» esta de la fuga de Pedro, que en modo alguno le hace suspender la ejecución, procediendo en su lugar a la de los guardianes que custodiaban al príncipe de los apóstoles, convertidos, a modo de chivo expiatorio, en responsables de su evasión.

> «Cuando vino el día hubo un alboroto no pequeño entre los soldados, sobre qué habría sido de Pedro. Herodes le hizo buscar y, al no encontrarle, procesó a los guardias y mandó ejecutarlos» (Hch. 12, 18-19).

Ahora bien, ninguno de estos tres nuevos episodios debe llamarnos a engaño, pues las circunstancias políticas que rigen en la provincia de Judea en la que Jesús es condenado a muerte, territorio sometido a la autoridad directa de los romanos y en la que, por toda autonomía, se permite la existencia de un órgano autóctono de gobierno, el Sanedrín, y eso sí, con las facultades muy limitadas, son bien diferentes de las que rigen tanto en la tetrarquía de Galilea, sobre la que por ese tiempo gobierna Herodes Antipas, como las que imperan en el restablecido reino palestino sobre el que reinará Herodes Agripa I unos años después de la condena de Jesús, en ninguna de las cuales hay razón para sospechar que el *Ius Gladii* de las autoridades locales estuviera restringido, y más bien al contrario, cabe pensar en una amplia autonomía de las mismas frente al omnímodo poder romano.

Todo esto dicho y suficientemente aclarado, los propios textos canónicos siguen poniendo a prueba nuestra capacidad de análisis, sometiéndonos a nuevas dificultades cuando de delimitar la capacidad jurídica de los judíos para ejecutar condenas de muerte se trata. Lo hacen ahora los *Hechos de los Apóstoles*, donde se registra un nuevo caso ocurrido apenas cuatro años después de crucificado Jesús, cuando los judíos lapidan al que pasa por ser el primer mártir de la comunidad cristiana: se trata de Esteban, el líder del grupo de cristianos de extracción greco-judía. En este evento, que nos narra Lucas, en modo alguno cabe decir que la situación jurídica del territorio fuera diferente en una ocasión, el juicio de Jesús, y en otra, el de Esteban, pues tanto cuando se crucifica a aquél, como cuando se lapida a este, el control de la provincia de Judea recae directamente sobre un prefecto romano, Pilato en el primer caso, Marcelo (cf. *Ant.* 18, 6, 10) en el segundo, dependientes, tanto uno como otro, del legado romano de Siria. La situación jurídica de Judea solamente se verá alterada en el año 41, esto es, más o menos un lustro después de la lapidación de Esteban, cuando el judío Herodes Agripa I, nieto de Herodes el Grande, sobrino de Antipas y gran amigo de Calígula, se haga cargo de la provincia, sustrayéndola, —eso sí, con el consentimiento de su imperial amigo—, del poder directo romano, y, en cualquier caso, bajo la severa tutela de este.

El relato que hace el autor de los *Hechos* registra similitudes significativas con el de la muerte de Jesús:

> «Esteban, lleno de gracia y de poder, realizaba grandes prodigios y signos entre el pueblo. Se presentaron algunos de la sinagoga llamada de los Libertos, cirenenses y alejandrinos, y otros de Cilicia y Asia, y se

pusieron a discutir con Esteban; pero no eran capaces de enfrentarse a la sabiduría y al Espíritu con que hablaba. Entonces sobornaron a unos hombres para que dijeran: «Hemos oído a este pronunciar palabras blasfemas contra Moisés y contra Dios.». (Hch. 6, 8-11).

Por lo que se refiere al caso del protomártir del cristianismo, al contrario de lo que ocurre en los tres linchamientos frustrados de Jesús y en el de la adúltera, y a semejanza de lo ocurrido en el juicio de Jesús, el libro de los *Hechos* sí recoge explícitamente lo que debe ser considerado como un verdadero —aunque muy irregular— proceso ante el sanedrín:

«De esta forma amotinaron al pueblo, a los ancianos y a los escribas; vinieron de improviso, le prendieron y le condujeron al Sanedrín. Presentaron entonces testigos falsos que declararon: "Este hombre no para de hablar en contra del Lugar Santo y de la Ley; pues le hemos oído decir que Jesús, ese Nazoreo, destruiría este lugar y cambiaría las costumbres que Moisés nos transmitió." Fijando en él la mirada todos los que estaban sentados en el Sanedrín, vieron su rostro como el rostro de un ángel.
El sumo sacerdote preguntó: "¿Es así?"» (Hch. 6, 12-15).

Y Esteban esboza un largo discurso de defensa que es a la vez todo un alegato teológico que no vamos a analizar aquí. Lo que sí interesa en cambio a nuestro relato, es el desenlace de los hechos, que Lucas narra justo a continuación del discurso, un desenlace que no puede ser más elocuente:

«Mientras oían estas cosas, sus corazones se consumían de rabia y rechinaban sus dientes contra él.
Pero él, lleno del Espíritu Santo, miró fijamente al cielo, vio la gloria de Dios y a Jesús de pie a la diestra de Dios; y dijo: "Estoy viendo los cielos abiertos y al Hijo del hombre de pie a la diestra de Dios". Entonces, gritando fuertemente, se taparon sus oídos y todos a una se abalanzaron sobre él; le arrastraron fuera de la ciudad y empezaron a apedrearle.» (Hch. 6, 8-7, 58).

Es decir, los judíos proceden a una ejecución sumaria en la que no se advierte intervención de autoridad alguna que no fuera la emanada de ellos mismos. Como si, efectivamente, dispusieran de la plena capacidad de aplicar el Ius Gladii.

Ahora bien, ¿no echa en falta algo el lector avezado? ¿Acaso no advierte que, entre la instrucción del caso y la ejecución del reo, el narrador del evento no nos habla, en cambio, de emisión de sentencia alguna? Nos hallamos aquí, paradójicamente, ante el caso contrario al de Jesús. Así, mientras en el juicio de este hubo sentencia a muerte y su ejecución hubo de posponerse hasta la ratificación de la autoridad romana, en el caso de Esteban, el pueblo —o probablemente la policía del Sanedrín, puede que incluso los propios componentes del tribunal, tampoco al respecto el relato se expresa con claridad— se abalanza sobre el reo antes incluso de que se haya emitido la sentencia.

No nos hallamos aquí sino ante un nuevo caso de lapidación sumaria, ante un nuevo linchamiento, en suma, en el que los ejecutores actúan *motu proprio*, anticipándose no solo a la necesaria ratificación de la sentencia por el poder romano, sino, en este caso, también a la condena del propio tribunal judío. Exponiéndose, incluso, a incurrir en la ira del invasor romano, quien, aunque del texto nada quepa extraer, hasta podría haber tomado cartas en el asunto delimitando responsabilidades e imponiendo sanciones. Quién sabe si también en la del propio Sanedrín judío, al que hay que imaginar celoso vigilante de sus competencias y de su jurisdicción, por restringida que unas y otra pudieran haber llegado a ser. Lo que, desde luego, todo lo visto hasta aquí demuestra palmariamente es que las calles judías, ora las de las ciudades de Judea, ora las de las ciudades galileas, con mayor o menor autonomía de sus instituciones, con el derecho o no de ejecutar los judíos sus propias sentencias de muerte constituían un avispero y el escenario de continuas trifulcas y ajustes de cuentas callejeros que ni siquiera la implacable policía romana estaba plenamente capacitada para reprimir. Algo en lo que el Evangelio de Juan hace hincapié, y en lo que viene a coincidir con lo que nos transmite también Flavio Josefo, que solo para los diez años que dura el período de gobierno del prefecto Pilato, acontecido entre los años 26 y 36, enumera, al menos, cuatro casos graves de desorden público.

Un nuevo indicio referido a la hipotética retirada del *Ius Gladii* por los romanos a los judíos, lo hallamos en el juicio que el Sanedrín realizará a Pablo un cuarto de siglo más tarde (cf. Hch. 22, 30-23,11) y nos narran los *Hechos de los Apóstoles*. En él, vemos como Pablo es presentado ante el tribunal judío nada menos que por el tribuno romano, lo que habría sido imposible si el Sanedrín se reuniera en su sede habitual, la columnata del Templo en la que la presencia de gentiles está estrictamente prohibida, y único lugar, por otro lado, en el que como indica el Talmud, puede en el proceso judío pronunciarse una sentencia de muerte:

> «Cuando se abandona la sala Gazit [de las piedras talladas] no se puede dictar contra nadie una sentencia de muerte» (bAbodaZara 1, 8. Tomado de La asamblea... Lémann).

Hecho, este de no reunirse en el Templo, que podría indicar que el Sanedrín no lo hacía por no tener posibilidad ya de pronunciar sentencias de muerte.

Así que, rebobinando en nuestro argumento y resumiendo la situación, en lo relativo al derecho de espada o *Ius Gladii* de los judíos en el primer tercio del siglo I, los textos neotestamentarios nos aportan importantes pistas y, aunque apuntan hacia la solución definitiva, en algunos casos nos inducen a confusión más que a otra cosa. Por un lado, cuando narran la crucifixión de Jesús, los cuatro evangelistas sin excepción se pronuncian por la incapacidad judía de aplicar el derecho de espada; por otro lado, fuera de dicho episodio, dos de los evangelistas, Juan y Lucas, nos narran eventos en los que los judíos se aprestan a aplicar —Juan—, o hasta aplican efectivamente —Lucas—, dicho derecho de espada.

Afortunadamente para nuestro propósito, los textos canónicos no son los únicos que abordan tan delicada e importante cuestión, y así, no han dejado de llegar a nuestros días testimonios históricos importantes de los que servirnos para arrojar algo más de luz en la misma.

En primer lugar, ha superado la dura prueba del paso implacable del tiempo un texto judío, no cristiano, al que ya nos hemos referido en varias ocasiones, el cual contiene información muy interesante por lo que se refiere al tema de la capacidad que el Sanedrín tenía, en tiempos de Jesús, para imponer una condena a muerte. Estamos hablando del famoso libro de las *Antigüedades*, escrito por el judío Flavio Josefo, el cual recoge un episodio que, aunque treinta años posterior a la crucifixión de Jesús, refiere casualmente la ejecución de un significado seguidor del Nazareno, nada menos que Santiago, el llamado «hermano del Señor», líder de la comunidad cristiana de Jerusalén a la muerte de aquél. Episodio que ocurre también en Judea, concretamente en Jerusalén, y que tiene lugar durante el año 62: las circunstancias políticas, aunque hayan transcurrido hasta tres décadas completas, son prácticamente idénticas a las que regían en la misma provincia cuando Jesús es crucificado, y es que por más que durante los tres años que ha reinado el idumeo Herodes Agripa I, los que van del 41 al 44, la provincia hubiera gozado de amplia autonomía, con la deposición de este vuelve a la jurisdicción directa del Imperio a través de un prefecto, exactamente igual que ocurría en tiempos de Jesús. Nos cuenta Josefo las circunstancias en las que se produce el juicio, condena y ejecución de Santiago:

> «Pues bien, Anán [el sumo sacerdote], dado su carácter, como creyó disponer de una ocasión pintiparada por haber muerto Festo [el procurador romano] y encontrarse Albino [el nuevo procurador] todavía en camino, instituyó un consejo de jueces [el Sanedrín] y tras presentar ante él al hermano del llamado Jesucristo, de nombre Santiago, y a algunos otros, presentó contra ellos la falsa acusación de que habían transgredido la Ley, y así, los entregó a la plebe para que fueran lapidados. Pero los que parecían ser los más moderados de los habitantes de la ciudad y los más escrupulosos cumplidores de las normas legales apenas soportaron esta acción. Por lo que enviaron recado secretamente ante el rey [sic, quiere decirse el prefecto] para exhortarlo a que ordenara a Anán que no continuara con tales acciones, puesto que tampoco la primera que había realizado en esa línea de comportamiento había sido correcta. Y algunos de ellos fueron incluso al encuentro de Albino, quien hacía el viaje por tierra desde Alejandría, y al verlo, le informaron que Anán no estaba autorizado a instituir un consejo de jueces sin el visto bueno del propio Albino» (Ant. 20, 9, 1).

Episodio que nos presenta a un Sanedrín que, con toda claridad, se aprovecha de una circunstancia política propicia —el relevo de un procurador romano por otro— y del vacío de poder que deriva de ella, para burlar lo que, según se extrae del propio texto, debe ser considerado como la legislación vigente, aplicando así una condena de muerte que no estaba facultado para aplicar, de lo que no cabe concluir sino que, efectivamente, el *Ius Gladii* estuvo restringido en la provincia de Judea durante amplios períodos de tiempo y siempre en función de la relación que sus mandatarios observaran con el poder romano. El relato de Josefo es clarísimo.

Sin salir de Josefo, existe otro pasaje en su obra que, aunque no concluyente, nos permite atisbar de nuevo indicios que apuntan en la dirección de que el *Ius Gladii* les estaba vetado a los judíos en tiempos de Jesús. Trátase de aquél en el que los judíos expresan al emperador Augusto, cuando en torno al año 4 a. C. este tiene que ejecutar el testamento de Herodes el Grande, sus preferencias. Y vemos como le dicen:

> «Todos rogaban a los romanos que tuviesen por bien tener misericordia de lo que de Judea quedaba salvo, y no diesen lo que de toda esta nación quedaba en vida a hombres que tan cruelmente los trataban [Herodes y sus hijos]; pero que juntasen con los fines y términos de Siria los de Judea, y determinasen jueces romanos que los rigiesen y amonestasen» (Bell. 2, 4).

Es decir, los propios judíos reclaman jueces distintos de los propios para castigarles, muy probablemente lo que terminó sucediendo, y según vemos, con el beneplácito de los muchos de los propios receptores de la decisión.

A mayor abundamiento, no es la obra de Flavio Josefo la única que se refiere al tema. Con mayor claridad, si cabe, se expresa sobre la capacidad de los órganos de gobierno de la provincia de Judea en tiempos de Jesús para imponer y ejecutar una sentencia de muerte, un texto de la importancia que tiene en la historia judía el Talmud. Y, además, en sus dos versiones. En la que se supone más antigua de las dos, la de Jerusalén, leemos:

«Ha sido enseñado: cuarenta años antes de la destrucción del Templo de Jerusalén [es decir, hacia el año 30, el Templo es destruido en el año 70, coincidente pues con el momento en que se produce el juicio de Jesús], el derecho de pronunciar sentencias capitales le fue quitado a los israelitas, y en tiempos de Shimon ben Schetah se les quita el derecho de conocer de cuestiones pecuniarias" (jSan. 1, 1, guemará, repetido en jSan. 7, 2 guemará).

En la más moderna, la de Babilonia, se escribe:

«Cuarenta años antes de la destrucción del Templo lo que el Sanedrín se exilió y se instaló en las tiendas [esto es, se trasladó del salón de sillería que ocupaba en el Templo a un centro mercantil del monte del Templo]. ¿A qué jurisprudencia se refiere? Dijo el el rabó Istjac bar Abdimí: «Enseña que ya no intervinieron en causas de multa» ¿En causas de multa? ¡Increíble! Digamos más bien que ya no imponían sentencias de muerte» (bSab. 15a, guemará).

La información, con ser de gran importancia, se nos antoja, sin embargo, imprecisa y, probablemente, hasta parcialmente errónea. No por lo que se refiere a su fondo, a saber, que a los judíos les fue arrebatada la capacidad de aplicar la pena capital, lo cual expresa de manera que no parece admitir rebatibilidad alguna, sino por lo que se refiere a las circunstancias en las que tal evento tuvo lugar. Y es que si la destrucción del Templo ocurrió en el año 70 d. C., los cuarenta años aproximados de los que se habla en el pasaje situarían el momento en el que el *ius gladii* le es arrebatado a las autoridades de Judea en el año 30 (suficiente, en cualquier caso, para que hubiera afectado a Jesús, que en ningún caso fue ejecutado antes de esa fecha). Y es que en el año 30 o circa no parece que se produzca ningún evento lo suficientemente relevante en la historia de la provincia que justifique la supresión en dicho momento, y no en otro, de la capacidad del Sanedrín para ejecutar sentencias de muerte. Lo cierto es que dicha medida pudo y debió de ser, con toda probabilidad, una más de las que se impusieron a la levantisca provincia de Judea cuando fue depuesto su monarca, Arquelao, durante el año 6 d. C., y el gobernador Coponio tomó el control de esta, uniéndola a la jurisdicción de la legación romana de Siria. Por lo que el texto talmúdico, más que de unos cuarenta años antes de la destrucción del Templo, debería haber hablado de unos sesenta o setenta años.

3.3. LAS SESIONES PREVIAS

Una lectura detenida y analítica de los Evangelios permite descubrir en ellos hasta tres posibles reuniones del Sanedrín para tratar la cuestión del Nazareno aun antes de que este sea definitivamente detenido, lo que indica que, desde mucho antes de que se proceda a dicha detención en las fechas de la Pascua, el gran consejo judío ya andaba tras los pasos del profeta galileo.

La primera la narra Juan y tiene lugar con ocasión de su cuarta visita a Jerusalén para la fiesta de las tiendas, por lo tanto, entre el 15 y el 22 de *tishrei* (septiembre-octubre), en otras palabras, unos seis meses antes de aquella pascua que habría de ser la última que celebrara Jesús. El Nazareno ha devuelto la vista a un ciego de nacimiento, lo cual ha hecho, a mayor provocación de sus detractores fariseos, durante un sábado. Los indignados fariseos interrogan al ciego y también a sus padres. Y entonces nos enteramos de lo que había ocurrido pocos días antes:

> «Los judíos se habían puesto ya de acuerdo en que, si alguno le reconocía como Cristo, quedara excluido de la sinagoga» (Jn. 9, 22).

En otras palabras y para que nos entendamos, todo aquel que reconociera que Jesús era el Mesías, sería separado de la sinagoga, excomulgado.

En la escena que precede, no se habla ni de consejo alguno, ni de tribunal, ni mucho menos se menciona al Sanedrín. Entre los judíos, la decisión de excomulgar por cualquiera de las veinticuatro razones que se suelen aducir para una excomunión —entre las cuales algunas tan nimias como una simple deuda impagada—, la podía tomar simplemente un rabino. También una o varias sinagogas de las muchas que existían en las distintas ciudades palestinas. Ahora bien, el hecho de que los eventos narrados tengan lugar en la misma

124

Jerusalén y no en cualquier pequeña ciudad de Judea o Galilea; la expresión utilizada en el pasaje «los judíos se habían puesto ya de acuerdo»; y la gravedad del tema objeto de la excomunión —está en juego nada menos que el advenimiento y la identidad del mesías—, abre francas las puertas a que dicha decisión hubiera sido formal y solemnemente adoptada en el propio Sanedrín.

Por si alguien duda de que la institución que había impuesto la excomunión estuviera dispuesta a actuar en consecuencia, he aquí el desenlace del episodio:

> «Llamaron por segunda vez al hombre que había sido ciego y le dijeron: "Da gloria a Dios. Nosotros sabemos que ese hombre es un pecador". Les respondió: "Si es un pecador, no lo sé. Solo sé una cosa: que era ciego y ahora veo.". Le dijeron entonces: "¿Qué hizo contigo? ¿Cómo te abrió los ojos?" Él replicó: "Os lo he dicho ya, y no me habéis escuchado. ¿Por qué queréis oírlo otra vez? ¿Es qué queréis también vosotros haceros discípulos suyos?" Ellos le llenaron de injurias y le dijeron: "Tú eres discípulo de ese hombre; nosotros somos discípulos de Moisés. Nosotros sabemos que a Moisés le habló Dios; pero ese no sabemos de dónde es"- El hombre les respondió: "Eso es lo extraño: que vosotros no sepáis de dónde es y que me haya abierto a mí los ojos. Sabemos que Dios no escucha a los pecadores; más, si uno es religioso y cumple su voluntad, a ese le escucha. Jamás se ha oído decir que alguien haya abierto los ojos de un ciego de nacimiento. Si este no viniera de Dios, no podría hacer nada.» Ellos le respondieron: "Has nacido todo entero en pecado ¿y nos das lecciones a nosotros?" Y le echaron fuera.» (Jn. 9, 24-34)

«Y le echaron fuera», esto es, lo excomulgaron. El ciego de nacimiento del que ni siquiera su nombre conocemos, sería, pues, el primer «cristiano», si lo podemos llamar así, separado de la obediencia judía, excomulgado por los judíos a causa de su profesión cristiana.

La segunda reunión previa del Sanedrín antes del juicio definitivo de Jesús nos la relata igualmente Juan. Dicha reunión, celebrada durante o poco después de la fiesta de la dedicación o *hanuká* que se celebra entre el 25 de *kislev* y el 3 de *tevet*, esto es, a finales del mes cristiano de diciembre, unos tres meses después de la anterior, por lo tanto, tiene lugar, como la anterior, justo después de un renombrado milagro de Jesús, más espectacular si cabe que el del ciego de nacimiento. Trátase esta vez de la resurrección de su amigo Lázaro. Una resurrección que colma el vaso de lo tolerable por los enemigos de Jesús, que ven como la popularidad de este no hace más que crecer y crecer. Los hechos son los siguientes:

«Entonces los sumos sacerdotes y los fariseos convocaron consejo [vale decir al Sanedrín] y decían: "¿Qué hacemos? Porque este hombre realiza muchos signos. Si le dejamos que siga así, todos creerán en él y vendrán los romanos y destruirán nuestro Lugar Santo y nuestra nación". Pero uno de ellos, Caifás, que era el sumo sacerdote de aquel año, les dijo: "Vosotros no sabéis nada, ni caéis en la cuenta que os conviene que muera uno solo por el pueblo y no perezca toda la nación". Esto no lo dijo por su propia cuenta, sino que, como era sumo sacerdote aquel año, profetizó que Jesús iba a morir por la nación —y no sólo por la nación, sino también para reunir en uno a los hijos de Dios que estaban dispersos—. Desde este día, decidieron darle muerte». (Jn. 11, 47-53).

La tercera reunión del Sanedrín anterior al juicio y condena de Jesús nos la narra, en esta ocasión, Mateo. Los hechos son los siguientes:

«Y sucedió que, cuando acabó Jesús todos estos discursos, dijo a sus discípulos: "Sabéis que dentro de dos días es la Pascua; y el Hijo del Hombre va a ser entregado para ser crucificado".
Entonces los sumos sacerdotes y los ancianos del pueblo se reunieron en el palacio del sumo sacerdote, llamado Caifás; y se pusieron de acuerdo para prender a Jesús con engaño y darle muerte. Decían, sin embargo: "Durante la fiesta no, para que no haya alboroto en el pueblo"». (Mt. 26, 3-5)

Nos hallamos, como vemos —nos lo dice el propio Jesús—, a apenas dos días de la Pascua. Han pasado dos meses y medio desde la reunión anterior que nos ha narrado Juan. Los miembros del Sanedrín tienen muy claro que hay que acabar con Jesús y se ratifican en su determinación de eliminarlo, pero no menos claro tienen que no quieren hacerlo durante las fiestas. ¿Razones? Dos. Una de ellas nos la cuentan ellos mismos, «que no haya alboroto en el pueblo». La otra no. Y es que, si proceden al prendimiento de Jesús en esa misma fecha, el juicio será muy precipitado, tan precipitado que, tendremos ocasión de analizarlo, su legalidad será algo más que dudosa. Y, sin embargo, perfectamente sabemos que, contrariamente a lo que vemos expresar a los miembros del Sanedrín, los eventos se precipitarán inmediatamente. Apenas un día después se consuma la detención y poco después la ejecución, produciéndose todo exactamente en el modo en el que los sumos sacerdotes y los ancianos no querían que sucediera: durante las fiestas. ¿Qué ha pasado para que ello termine siendo así? Pues bien, solo una cosa: en medio de tantas prisas, un extraño personaje se presenta ante los miembros del Sanedrín con una oferta no menos extraña e inesperable: entregar al peligroso Jesús a sus verdugos. Pero ha de ser ya, durante las fiestas, pues muy probablemente, una vez pasadas estas, tanto Jesús como su grupo abandonen de nuevo la ciudad, en busca de seguridad y la entrega se complique. Nos lo cuenta el propio Mateo:

«Entonces uno de los *Doce*, llamado Judas Iscariote, fue donde los sumos sacerdotes, y les dijo: "¿Qué queréis darme, y yo os lo entregaré?"» (Mt. 26, 14-15).

La negociación es rápida, no hay tiempo que perder:

«Ellos le asignaron treinta monedas de plata.» (Mt. 26, 14-15).

3.4. JESÚS ANTE EL SANEDRÍN

Como ya hemos tenido ocasión de señalar, el relato del juicio judío de Jesús, siendo muy diferente en cada uno de los evangelistas, registra, sin embargo, un punto a partir del cual podemos intentar esquematizar nuestro estudio: para los cuatro cronistas, dicho juicio se celebra en dos fases, bien que dichas dos fases sean muy diferentes en cada uno de ellos. Y si no, veamos:

Según Lucas, Jesús, una vez detenido, pasa la noche del jueves en casa de Caifás —primera fase—, lugar donde, aparte unas agresiones de la guardia, no parece ocurrir nada más:

«Entonces le prendieron, se lo llevaron y le hicieron entrar en la casa del Sumo Sacerdote» (Lc. 22, 54).

Acabada la noche, Jesús es interrogado y juzgado en el Sanedrín —segunda fase—, cosa que ocurre al amanecer del viernes:

«En cuanto se hizo de día, se reunió el Consejo de ancianos del pueblo, sumos sacerdotes y escribas, le hicieron venir a su Sanedrín» (Lc. 22, 66)

Mateo y Marcos son los evangelistas que registran una mayor similitud en lo que se refiere al juicio judío de Jesús, hasta el punto de que cabe proceder al análisis del relato de ambos de manera conjunta. Dice Mateo:

«Los que prendieron a Jesús le llevaron ante el sumo sacerdote Caifás, donde se habían reunido los escribas y los ancianos» (Mt. 26, 57).

Dice Marcos:

«Llevaron a Jesús ante el sumo sacerdote, y se reúnen todos los sumos sacerdotes, los ancianos y los escribas»

Aunque la redacción no es todo lo clara que se podría desear, todo apunta a que este primer juicio tiene lugar en casa de Caifás, no en la sede del Sanedrín. Sí queda, en cambio, muy claro del resto del relato, que esta fase del juicio se produce de noche y que en él se realiza una instrucción completa del sumario, con interrogatorio y fase de pruebas. Lo que pasa después nos lo siguen contando los evangelistas. Nos dice Mateo:

«Llegada la mañana, todos los sumos sacerdotes y los ancianos del pueblo celebraron consejo contra Jesús para darle muerte» (Mt. 27, 1).

Y nos dice Marcos:

«Pronto, al amanecer, prepararon una reunión los sumos sacerdotes con los ancianos, los escribas y todo el Sanedrín» (Mc. 15, 1).

Esta segunda sesión sí parece tener lugar, con toda claridad, en la sede del Sanedrín, como también se extrae de la redacción que la misma tiene lugar de día. Realizada con gran rapidez, su único objetivo parece ser legalizar todo lo instruido durante la noche, con el objetivo de salvar la legalidad de todo lo que se había realizado, de manera tan precipitada como irregular, durante la noche anterior.

Y Juan, ¿qué dice Juan de los eventos en cuestión? Pues bien, según Juan, Jesús también pasa la noche encerrado en la casa de un sumo sacerdote, pero en su versión, no se trata del que está en ejercicio, aunque sí forme parte del Sanedrín porque una vez que se entraba en el Sanedrín no se abandonaba, sino de uno que lo fue en su día, de nombre Anás:

«Entonces la cohorte, el tribuno y los guardias de los judíos prendieron a Jesús, le ataron y le llevaron primero a casa de Anás, pues era suegro de Caifás, el sumo sacerdote de aquel año» (Jn. 18, 12-13).

Este Anás, como bien nos aclara Flavio Josefo, no es cualquier personaje:

«De este Anán [sic], el más antiguo de la familia, se cuenta que fue sumamente afortunado, puesto que tuvo cinco hijos y todos ellos casualmente, alcanzaron el rango de sumos sacerdotes de Dios, después de haber disfrutado también él mismo, durante muchísimo tiempo, en fechas anteriores, suerte que no había tenido ninguno de nuestros sumos sacerdotes» (Ant. 20, 9, 1).

En casa de Anás, Jesús es interrogado, produciéndose una suerte de instrucción del juicio. Termina la primera fase de Juan. Tras ella, Jesús es enviado a casa de Caifás, el sumo sacerdote en ejercicio.

«Anás entonces le envió atado al sumo sacerdote Caifás» (Jn. 18, 24).

Juan, que como tendremos ocasión de comprobar, se va a mostrar muy descriptivo en lo relativo al juicio romano, no hace en cambio el menor relato de lo que ocurre en casa de Caifás, sobre el que apenas dice:

«De la casa de Caifás llevan a Jesús al pretorio. Era de madrugada» (Jn. 18, 28).

Escasas palabras que, sin embargo, brindan más información de la que parece, ya que gracias a ellas sabemos, por un lado, que el juicio, si lo podemos llamar tal, se produce en casa de Caifás; por otro, que lo que quiera que se produzca en casa de Caifás se lleva a cabo de noche, pues todavía es de madrugada cuando el reo es enviado a Pilato. Por cierto, que dicha casa de Caifás se halla al sur del palacio de Herodes unos trescientos metros, y al suroeste del Templo a una distancia de un kilómetro, poco más o menos. Nada nos dice Juan, por lo tanto, de un juicio ante el Sanedrín —término, por cierto, que no registra una sola ocurrencia en su Evangelio— a no ser aquéllos a los que ya nos hemos referido como «juicios previos». Y es que Juan es el evangelista que con mayor insistencia se detiene ante esos juicios realizados «en ausencia» de Jesús y con anterioridad a su detención. Termina la segunda fase de Juan.

El Sanedrín que juzga a Jesús, está presidido por el sumo sacerdote Caifás, que nombrado por el procurador Valerio Grato, según sabemos por Josefo, ejercerá el cargo entre los años 18 y 36 d. C. (sobre su nombramiento cf. Ant. 18, 2, 2; sobre su cese cf. Ant. 18, 4, 3), dieciocho años pues, longevidad inusual en una época en la que los sumos sacerdotes apenas duran un año, lo que da buena cuenta de las cordiales relaciones que debió de mantener con el poder romano. A modo de curiosidad, vale la pena reseñar que, según todos los indicios, la tumba de este Caifás es una de las halladas en el importante descubrimiento de 1990 en la necrópolis de Talpiot en Jerusalén, descubrimiento que se constituye en un testimonio más de la historicidad del personaje.

3.5. IRREGULARIDADES DEL JUICIO DE JESÚS

Realizada la prolija descripción del relato de cada uno de los evangelistas según lo hemos hecho, corresponde ahora empezar a sacar conclusiones. Y entre ellas, la primera la siguiente: en el relato que nos hacen los evangelistas, nos encontramos desde un juicio algo menos desajustado a derecho, aunque como veremos, en cualquier caso irregular, el de Lucas, hasta otro juicio, el de Juan, que no guarda ninguna similitud con el proceso judío, pasando por los dos juicios de Mateo y Marcos que se presentan como juicios precipitados en su instrucción y en su condena, los cuales, sin embargo, intentan ser formalmente subsanados en el último momento.

Y es que al respecto se han de señalar dos cosas importantes. En primer lugar, que el proceso judicial judío lo conocemos muy bien, gracias tanto a los rasgos que sobre él se van desparramando a lo largo del Antiguo Testamento como, sobre todo, gracias al *Tratado del Sanedrín* y a algunas reglas desparramadas a lo largo de otros tratados, componentes todos ellos de la obra gigantesca de recopilación de la ley oral judía que es el Talmud. Y aunque la redacción del Talmud sea unos siglos posteriores al juicio que se le realiza a Jesús, al no pretender ser el Talmud otra cosa que la recopilación de la ley oral que ya regía en tiempos de este constituye una descripción muy certera de cómo debería haber sido el juicio que se le celebrara a Jesús. En segundo lugar, y tendremos ocasión de comprobarlo, aunque el juicio que efectivamente se celebró a Jesús fue sumamente irregular, el procedimiento judicial judío era muy garantista, tan garantista, por lo menos, como pudiera serlo en la época el procedimiento romano.

El detallado informe de los hermanos Lémann al que ya hemos tenido ocasión de referirnos más arriba, comparando el juicio de Jesús con lo que sobre el juicio judío recogen el Antiguo Testamento y el *Tratado del Sanedrín*, que forma parte del Talmud, fuente a la que habremos de hacer no pocas referencias, enumera hasta veintisiete irregularidades. Nosotros sólo relacionaremos las más importantes.

En primer lugar, las relativas a las circunstancias en las que ese juicio debe tener lugar. Y es que los juicios no pueden celebrarse durante día de fiesta, pero tampoco durante las vísperas de estas:

«No juzgarán ni la víspera de sábado ni la víspera de un día de fiesta» (San. 4, 1).

Lo que fue vulnerado en los juicios relatados por los cuatro evangelistas.

En segundo lugar, la ley judía ordena que el Sanedrín celebre todas sus funciones en horas de luz:

«Los miembros del sanedrín se reunían desde el sacrificio matutino hasta el sacrificio vespertino» (bSan. 88b, cap. 10 guemará).

Cuando lo que se dilucida es la vida de un hombre, las reglas son aún más severas. En primer lugar, dice el Talmud:

«Que sea tratado de día y se suspenda durante la noche» (San. 4, 1).

Lapidación, la pena que corresponde a la blasfemia.
Lapidación de San Esteban. Annibale Carracci (1604)

Lo cual, una vez más, fue vulnerado en el juicio de Juan, y también se vulneró, aunque se intentó subsanar con una reunión posterior de mañana (en todo caso anterior al sacrificio matutino del Templo), en los juicios de Mateo y Marcos. En Lucas, la regla solo es parcialmente vulnerada, ya que, aunque por lo que se refiere al juicio nocturno lo único que se produce durante la noche es la detención y custodia del preso, lo cierto es que la celebración de este proceso por la mañana es excesivamente temprana, sin tiempo para haber celebrado ni siquiera el sacrificio matutino en el Templo.

Pero es que, en segundo lugar, añade el Tratado:

«Todo juicio criminal puede terminar el mismo día que comenzó si el resultado de los debates es la absolución del acusado. Pero si debe pronunciar la pena capital, no deberá terminar hasta el día siguiente» (San. 4, 1).

Esta regla del proceso fue claramente vulnerada en los juicios de Juan y de Lucas, en los que solo acudimos a una sesión. Pero también, aunque sea más difícil de identificar, en los de Mateo y Marcos. Y es que, aunque para un observador cristiano actual, en Mateo y Marcos se produjeron dos juicios en dos jornadas diferentes, lo cierto es que para un observador judío coetáneo a los hechos ello no fue así, pues la jornada de los judíos comenzaba no a las doce de la noche, como se entiende en el mundo contemporáneo, sino al atardecer, por lo que tanto el juicio inicial nocturno como el juicio matutino posterior, fueron, desde el punto de vista judío, celebrados en la misma jornada.

En tercer lugar, en lo relativo a la sede del tribunal, cuando el resultado es una condena a muerte, el juicio no puede celebrarse en cualquier sitio:

«Cuando se abandona la sala Gazit [la sala del enlosado o de las piedras de sillería] no se puede condenar a nadie a una sentencia de muerte« (bSan 1, 8).

Pues bien, vemos que en el relato de Juan el juicio se realiza en dos domicilios privados, el de un sumo sacerdote que ya no lo es, el cual lleva a la práctica toda la instrucción del juicio y la fase de pruebas, y el de otro sacerdote que sí lo es, aunque se limita a trasladar el caso a una jurisdicción diferente, la romana, para que ejecute una sentencia de muerte que ni siquiera se sabe quién ha dictado ni si han participado en ella todos los miembros del tribunal, ni cuantos, o solo el sumo sacerdote.

En el relato de Mateo y Marcos, la instrucción del juicio, la fase de pruebas y hasta la sentencia, se producen en un domicilio privado, el del sumo sacerdote, y si se realiza una segunda sesión de día apenas es para dar una apariencia legal a lo que se ha instruido previamente de manera ilegal.

En Lucas, en cambio, por lo que se refiere a este tema, no parece producirse irregularidad alguna.

Para instruir el proceso, el Sanedrín busca dos testigos, los que prescribe la Ley:

«No se podrá ejecutar al reo de muerte más que por declaración de dos o tres testigos» (Dt. 17, 6).

La acusación inicial nos la brinda Mateo:

«Este dijo: yo puedo destruir el santuario de Dios y en tres días edificarlo» (Mt. 26, 61).

O de modo aún más colorista, Marcos:

«Nosotros le oímos decir: Yo destruiré este Santuario hecho por hombres y en tres días edificaré otro no hecho por hombres» (Mc. 14, 58).

Lucas no se refiere a esta primera acusación.

Pero amén de que la blasfemia de la que se acusa a Jesús, la de destruir el Templo, más allá de un farol difícil de llevar a la práctica, no parece, como blasfemia, la mejor de las imaginables, y los testigos no se muestran muy creíbles.

Los jueces entonces, deseosos de probar el delito, «provocan» la blasfemia, una blasfemia «en condiciones», *in situ*. Del recurso en cuestión se hacen eco los tres sinópticos.

Así Mateo:

«El sumo sacerdote le dijo: "Te conjuro por Dios vivo que nos digas si tú eres el Cristo, el Hijo de Dios". Dícele Jesús: "Tú lo has dicho. Pero os digo que a partir de ahora veréis al Hijo del Hombre sentado a la diestra del Poder y viniendo sobre las nubes del cielo". Entonces el sumo sacerdote rasgó sus vestidos y dijo: "«¡Ha blasfemado! ¿Qué necesidad tenemos ya de testigos? Acabáis de oír la blasfemia. ¿Qué os parece?" Respondieron ellos diciendo: "Es reo de muerte"». (Mt. 26, 63-66).

Así Marcos:

«El sumo sacerdote le preguntó de nuevo: "¿Eres tú el Cristo, el Hijo del Bendito?" Y dijo Jesús: "Sí, yo soy, y veréis al Hijo del Hombre sentado a la diestra del Poder y venir entre las nubes del cielo". El Sumo Sacerdote se rasga las túnicas y dice: "¿Qué necesidad tenemos ya de testigos? Habéis oído la blasfemia. ¿Qué os parece?" Todos juzgaron que era reo de muerte» (Mc. 14, 61-64)

Así Lucas:

«Dijeron todos: "Entonces, ¿tú eres el Hijo de Dios?" Él les dijo: "Vosotros lo decís. Yo soy". Dijeron ellos: "¿Qué necesidad tenemos ya de testigos, pues nosotros mismos lo hemos oído de su propia boca?"» (Lc. 22, 67-71).

No así Juan, donde la única pregunta que vemos a alguien realizar a Jesús en todo su proceso judío es la que le formula el exsumo sacerdote Anás «sobre sus discípulos y su doctrina» (Jn. 18, 19). Lo que no quiere decir que la acusación de blasfemia no acabe asomando la cabeza, que lo hace, y bien, en el juicio ante Pilato, en el que los judíos informan al procurador romano de que el reo que han puesto en sus manos «se tiene por Hijo de Dios», y que «según su Ley [la de los judíos] debe morir» (cf. Jn. 19, 7).

3.6. EL DELITO DE BLASFEMIA Y LA PENA QUE LE CORRESPONDE EN LA LEY JUDÍA.

El delito de blasfemia se castigaba entre los judíos con la muerte. Con toda claridad lo expresa el libro del *Deuteronomio:*

> «Si surge en medio de ti un profeta [...] y te dice: "vamos en pos de otros dioses que tú no conoces a servirle" [...] este profeta deberá morir.» (Dt. 13, 2-6).

Y la muerte que correspondía al blasfemo era la lapidación:

> «Tu mano caerá la primera sobre él para darle muerte, y después la mano de todo el pueblo. Lo apedrearás hasta que muera, porque ha tratado de apartarte de Yahvé tu Dios, el que te sacó del país de Egipto, de la casa de servidumbre. Y todo Israel lo oirá y temerá y dejará de cometer este mal en medio de ti.» (Dt. 7, 10-12).

Sin ir muy lejos, el propio evangelista Juan, el mismo que en su juicio de Jesús no relata la blasfemia de este, recoge dos ocasiones en las que Jesús está a punto de ser lapidado de manera sumaria, sin juicio, por sus propios conciudadanos, a causa de sus afirmaciones consideradas blasfemias por quienes le escuchan, cosa que no llega a ocurrir en ninguno de los dos casos porque Jesús, sin que el evangelista explica el cómo, se escabulle de sus agresores de entre las manos, de manera tan misteriosa y difícilmente explicable, que constituyen dichos episodios algunos de los principales argumentos de la temprana herejía del docetismo, para la cual Jesús era solo una apariencia, sin cuerpo ni materia, capaz pues de disiparse, desvanecerse, en la manera en que parece hacerlo en ambas ocasiones. Las dos escenas tienen lugar durante el segundo año de ministerio de Jesús de los tres que recoge Juan. La primera ocurre con motivo de la fiesta de las tiendas, también llamada de los tabernáculos o en hebreo, *sukot,* que conmemora la travesía del desierto huyendo de Egipto, celebrada seis meses antes de la Pascua:

> «"¿Eres tú acaso más grande que nuestro padre Abrahán, que murió? También los profetas murieron. ¿Por quién te tienes a ti mismo?" Jesús

respondió: "Si yo me glorificara a mí mismo, mi gloria no valdría nada; es mi Padre quien me glorifica, de quien vosotros decís: `Él es nuestro Dios', y sin embargo no le conocéis, yo sí que le conozco, y si dijera que no le conozco, sería un mentiroso como vosotros. Pero yo le conozco, y guardo su palabra. Vuestro padre Abrahán se regocijó pensando en ver mi Día; lo vio y se alegró". Entonces los judíos le dijeron: "¿Aún no tienes cincuenta años y has visto a Abrahán?" Jesús les respondió: "En verdad, en verdad os digo: antes de que Abrahán existiera, Yo Soy". Entonces tomaron piedras para tirárselas; pero Jesús se ocultó y salió del Templo.» (Jn. 8, 53-59).

La segunda se produce durante la fiesta de la dedicación, en hebreo *hanuká,* que conmemora la resistencia contra los greco-sirios de los Macabeos, unos tres meses antes de la tercera pascua de su ministerio, última de su vida también:

«Se celebró por entonces en Jerusalén la fiesta de la Dedicación. Era invierno. Jesús se paseaba por el Templo, en el pórtico de Salomón. Le rodearon los judíos, y le decían: "¿Hasta cuándo vas a tenernos en vilo? Si tú eres el Cristo, dínoslo abiertamente". Jesús les respondió: "Ya os lo he dicho, pero no me creéis. Las obras que hago en nombre de mi Padre son las que dan testimonio de mí; pero vosotros no creéis porque no sois de mis ovejas. Mis ovejas escuchan mi voz; yo las conozco y ellas mi siguen. Yo les doy vida eterna y no perecerán jamás, y nadie las arrebatará de mi mano. El Padre, que me las ha dado, es más grande que todos, y nadie puede arrebatar nada de la mano del Padre. Yo y el Padre somos uno". Los judíos trajeron otra vez piedras para apedrearle. Jesús les dijo: "Muchas obras buenas de parte del Padre os he mostrado. ¿Por cuál de esas obras queréis apedrearme?" Le respondieron los judíos: "No queremos apedrearte por ninguna obra buena, sino por una blasfemia y porque tú, siendo hombre, te haces a ti mismo Dios". Jesús les respondió: "¿No está escrito en vuestra Ley: Yo he dicho: dioses sois? Si llama dioses a aquellos a quienes se dirigió la palabra de Dios —y no puede fallar la Escritura— a aquel a quien el Padre ha santificado y enviado al mundo, ¿cómo le decís que blasfema por haber dicho: `Yo soy Hijo de Dios'? Si no hago las obras de mi Padre, no me creáis; pero si las hago, aunque a mí no me creáis, creed por las obras, y así sabréis y conoceréis que el Padre está en mí y yo en el Padre". Querían de nuevo prenderle, pero se les escapó de las manos» (Jn. 10, 22-31).

La sentencia del Sanedrín es, pues, de muerte. Aunque Lucas no lo especifique, quizás porque crea que queda suficientemente sobreentendido, aunque luego efectivamente presente a los sumos sacerdotes pidiendo a Pilato que lo mande crucificar (cf. Lc. 23, 21), sí lo hacen con claridad Mateo y Marcos:

> «Entonces el sumo sacerdote rasgó sus vestidos y dijo: "¡Ha blasfemado! ¿Qué necesidad tenemos ya de testigos? Acabáis de oír la blasfemia. ¿Qué os parece?" Respondieron ellos diciendo: "Es reo de muerte,"» (Mt. 26, 65-66).
>
> «El sumo sacerdote se rasga las túnicas y dice: "¿Qué necesidad tenemos ya de testigos? Habéis oído la blasfemia. ¿Qué os parece?" Todos juzgaron que era reo de muerte» (Mc. 14, 63-64).

Y también Juan, aunque recoja la sentencia en un momento diferente:

> «Desde este día [aquél en el que celebraron el juicio en ausencia de Jesús], decidieron darle muerte». (Jn. 11, 53).

Sentencia que confirman los judíos cuando al presentar a Jesús ante Pilatos y responderles Pilatos que lo juzguen ellos según su Ley, ellos respondan:

> «Nosotros tenemos una Ley y según esa Ley debe morir» (Jn. 19, 7).

Ahora bien, el Sanedrín, ya se ha dicho, no puede condenar a muerte, carece del *Ius Gladii*. En otras palabras, se lo tiene vetado la autoridad romana, a la que forzosamente ha de dirigirse para ejecutar a un hombre. Y eso es lo que hacen los miembros del Sanedrín: enviar a Jesús a la autoridad romana.

Las razones de que un tribunal que funciona relativamente bien se comporte con Jesús en la manera sumamente irregular que hemos podido conocer, parece ser de doble índole, según lo presentan los evangelistas.

En primer lugar, la amenaza que el pujante movimiento que lidera el Nazareno representa para quienes le juzgan, según lo perciben ellos: el evangelista Juan relata cómo Caifás, el juez de Jesús en el Sanedrín, iba declarando por ahí con toda preocupación:

«Vosotros no sabéis nada, ni caéis en la cuenta que os conviene que muera uno solo por el pueblo y no perezca toda la nación» (Jn. 11, 49-50).

Y es que al fin y a la postre, solo cinco días antes de que se celebrara el precipitado juicio, Jesús había podido hacer gala del inmenso ascendiente del que gozaba entre la gente del pueblo:

«La gente, muy numerosa, extendió sus mantos por el camino; otros cortaban ramas de los árboles y las tendían por el camino. Y la gente que iba delante y detrás de él gritaba: "¡Hosanna al Hijo de David! ¡Bendito el que viene en nombre del Señor! ¡Hosanna en las alturas!"
Y al entrar él en Jerusalén, toda la ciudad se conmovió. "¿Quién es este?", decían. Y la gente decía: "Este es el profeta Jesús, de Nazaret de Galilea."» (Mt. 21, 8-11; similar a Mc. 11, 8-11; Lc. 19, 36-38 y Jn. 12, 12-15).

Y, en segundo lugar, el hecho de producirse el proceso en tiempo de Pascua, con las limitaciones que la ley judía impone a los juicios y a la ejecución de sentencias en fecha tan señalada del calendario judío. Algo, que todo ello ocurra en una fecha tan significada como Pascua, que no es enteramente casual, y es que como Jesús se sabe perseguido, no se deja ver fácilmente en Jerusalén, y solo se manifiesta en las fiestas importantes. Nos lo dice el propio Juan:

«Por eso Jesús no andaba ya en público entre los judíos, sino que se retiró de allí a la región cercana al desierto, a una ciudad llamada Efraín, y allí residía con sus discípulos» (Jn. 11, 54).

La ciudad Efraín, de la que habla Juan, se hallaba a unos treinta kilómetros de Jerusalén, por lo que, con toda seguridad, en los últimos días anteriores a la Pascua, Jesús, en su afán por hacerse presente en la capital religiosa del judaísmo, se acercó más a ella. En tal sentido apuntan los testimonios de Mateo y Marcos por un lado (cfr. Mt. 21, 17; Mc. 11, 11; Mc. 11, 19), quienes nos dicen que pasaba las noches en Betania, ciudad a apenas tres kilómetros donde reside su amigo Lázaro. Y también de Lucas por otro (cf. Lc. 21, 37), quien nos dice que lo hacía en el Monte de los Olivos, fuera de la muralla, pero a tiro de piedra de la capital y del Templo.

Tanto que sus enemigos se preguntaban:

«¿Qué os parece? ¿Qué no vendrá a la fiesta?» (Jn. 11, 56).

4. El juicio romano

Finalizado, según nos indican los cuatro evangelistas, (Mt. 27, 2; Mc. 15, 1; Lc. 23, 1; Jn. 18, 28-29), el juicio ante el Sanedrín, Jesús es llevado ante el poder romano, el cual encarna el prefecto de Judea Poncio Pilato.

A estos efectos conviene reiterar que en el régimen que los romanos imponen a los territorios sobre los que reinaba Arquelao desde que el año 6, este es depuesto por el César, Jerusalén es una ciudad gobernada por un tribuno romano —cuyo nombre, el del que gobierna en tiempos de Jesús, por cierto, no conocemos, aunque sí conozcamos, en cambio, el de otros tribunos de Jerusalén, así Claudio Lisias (cf. Hch. 23, 26)— una especie de jefe de policía; el cual a su vez, rinde cuentas ante el gobernador de la provincia, cuya sede no se halla, como sería de esperar, en Jerusalén, capital histórica de la región, sino en Cesarea Marítima, ciudad costera fundada por Herodes el Grande y emplazada unos sesenta kilómetros al noroeste de Jerusalén. Nos confirma este extremo, una vez más, Josefo:

> «Y viniendo luego a Cesarea, para hablar a Pilatos, suplicábanle con gran afición»(Bell. 2, 8)

Pues bien, ese puesto de gobernador de la provincia —o prefecto, según revela el reciente hallazgo arqueológico de la llamada «Piedra de Pilato» en Cesarea al que hemos tenido ocasión ya de referirnos; o procurador según lo llaman Flavio Josefo, Tácito y Mateo y Lucas—, es el que ocupa Poncio Pilato, el cual hace el quinto desde que el régimen se impusiera, después de d. C.), Ambivio (9-12), Annio Rufo (12-15) y Valerio Grato (15-26) y antes de ser reemplazado por Marcelo (36-38).

Este gobernador o procurador de Judea, por su parte, depende del legado de Siria, cuyo titular en los momentos en los que los eventos que analizamos se producen, tampoco conocemos, aunque conozcamos otros tanto anteriores —Quirinio v.gr. (cf. Lc. 2, 2; Ant. 17, 13, 5)—, como simultáneos —Vitelio—, como posteriores —Félix v.gr. (cf. Hch. 23, 24 y ss.).

De esta dependencia dan fe varios testimonios de Josefo, como aquél en el que indica como el procurador de Judea llega con el legado de Siria (cf. Ant. 18, 1, 1), o aquél en el que vemos como el legado Vitelio cesa al procurador Pilato:

> «Vitelio entonces, tras enviar a Marcelo, uno de sus amigos, para que se encargara del gobierno de Judea, ordenó a Pilato que partiera hacia Roma»(cf. Ant. 18, 2, 1).

Ahora bien, lo cierto es que, según todo parece indicar y principalmente los detallados informes literarios de Flavio Josefo, el gobernador de Judea se comportaba con una cierta e indiscutible independencia.

Dicho todo lo dicho, nada tiene de particular, pues, que, como indica el mayor experto en el tema, Theodor Mommsen en su obra El derecho penal romano, en la autoridad del gobernador radique la facultad de impartir justicia romana en las provincias:

> «El funcionario ordinario encargado de toda la administración de justicia que no fuese la de la capital [Roma] lo fue en todos los períodos el gobernador de la provincia» (op. Cit. tomo I, p. 239).

Aseveración perfectamente acorde con la realizada por Josefo acerca del que fue el primer antecesor de Pilato en su cargo, Coponio, cuando hablando de él, afirma:

«Y con él [con el legado sirio Cirino] fue enviado también Coponio, perteneciente al orden ecuestre, para gobernar a los judíos con poderes absolutos» (Ant. 18, 1, 1).

Un caso patente de fusión de los poderes ejecutivo y judicial que con tanta naturalidad se produjo hasta el siglo XIX. Y es que aún quedan muchos siglos para que veamos separarse uno y otro y proclamarse la independencia de este frente a aquel en la manera en que vemos producirse hoy en la práctica totalidad de los sistemas constitucionales del mundo, incluso en los más despóticos y menos democráticos.

4.1. ¿Y SI PONCIO PILATO NO HUBIERA ESTADO EN JERUSALÉN?

Resta responder qué habría ocurrido con Jesús de no haberse producido la singular circunstancia de que Poncio Pilato se hallara, como fue el caso, en Jerusalén y no en Cesarea, donde se hallaba su sede habitual.

Las posibilidades son dos: de la primera ya hemos tenido ocasión de conocer alguna expresión. No hallándose el prefecto en Jerusalén y siendo en consecuencia la guarnición romana en la ciudad santa de los judíos de inferior entidad, los judíos tendían a hacer como les parecía, aplicando la Ley de Lynch y actuando a voluntad. Lo hemos visto cuando intentan lapidar a la mujer adúltera, un intento que realizan, por cierto, solo unos días antes de crucificar a Jesús (pero con Poncio Pilato en Cesarea todavía). Lo hemos visto en las hasta tres ocasiones en las que intentan liquidar a Jesús y no lo hacen por la sola razón de Jesús «se desvanece» ante ellos, pero no por falta de voluntad. Lo hemos visto en el martirio ya relatado del protomártir cristiano, Esteban. Aunque desposeídos del *Ius Gladii,* los judíos no tenían el menor temor a aplicar su Ley si las circunstancias de orden público se lo permitían.

Sin embargo, existe una segunda alternativa: conducirse de acuerdo con la ley romana, vale decir, con la legalidad vigente desde que la autoridad romana sustituyera a la monarquía idumea, Arquelao, en el año 6 d. C., caso en el cual, sus compatriotas judíos habrían conducido a Jesús ante el tribuno, máxima autoridad romana en la plaza de Jerusalén y jefe de la cohorte establecida en ella. Una figura, esta del tribuno, la cual no pasa desapercibida a los autores evangélicos, que se refieren a ella en dos ocasiones: en la primera lo hace Juan, que lo presenta dirigiendo la patrulla que practica la detención de Jesús (cf. Jn. 18, 12); en la otra lo hace Lucas, que lo presenta al mando de la que treinta años después detendrá a Pablo (Hch. 21, 31). Este tribuno, amén de hacerse cargo del preso —lo que sin duda sí habría hecho—, ¿habría sustanciado la cuestión por sí mismo, juzgando y ejecutando la sentencia? ¿o más bien habría remitido el preso a Cesarea, sede de la procuraduría, para que fuera juzgado el reo por su titular? Mommsen se pronuncia a este respecto de la siguiente manera:

«La delegación [de sus poderes jurisdiccionales] podía hacerla el gobernador a quien quisiera, pero solía hacerla especialmente en sus asesores y en los oficiales romanos que se hallasen en la provincia» (op. Cit. tomo I p. 256).

Y más adelante:

«Dada la gran extensión territorial de las antiguas provincias, no pudo menos de hacerse en ella, antes de Diocleciano, un uso frecuentísimo de la delegación para el desempeño de la administración de justicia» (op. Cit. tomo I p.257).

Lo que vendría a establecer que el tribuno, con bastante probabilidad, se habría comportado respecto de Jesús, en modo similar a como, de hecho, lo hizo el prefecto o procurador.

Ahora bien, no necesariamente. Cabe también otro comportamiento: en el juicio celebrado a Pablo en el año 58, perfectamente narrado en sus *Hechos de los Apóstoles* por Lucas, compañero de Pablo, y por ello, con toda probabilidad, testigo directo del mismo, el entonces tribuno, de quien conocemos hasta el nombre, Claudio Lisias, decide ante los hechos remitir el ilustre preso al procurador de Cesarea, para que sea este el que decida lo que hacer:

«Claudio Lisias saluda al excelentísimo procurador Félix. Este hombre [Pablo] había sido apresado por los judíos y estaban a punto de matarlo cuando, al saber que era romano, acudí yo con la tropa y le libré de sus manos [...] Pero habiéndome llegado el aviso de que se preparaba una conjuración contra este hombre, al punto te lo he mandado» (Hch. 23, 26-30).

Como con toda claridad observamos y como con toda claridad lo expresa el tribuno en su misiva al procurador, es la muy especial circunstancia de la ciudadanía romana de Pablo, y no otra cosa, lo que le conduce a tomar dicha decisión. Lo que, por otro lado, es perfectamente acorde con lo que al respecto señala el propio Mommsen en su tratado sobre el derecho penal romano:

«El gobernador de provincia tenía, sin duda, facultad para ejercer dentro de ésta la coerción en toda la extensión y plenitud [...]; hasta podía ejercer la coerción capital contra los no ciudadanos, siempre y como quisiera» (op. Cit. tomo I p. 243).

Ahora bien:

«Contra los ciudadanos, pudo ejercer también esta coerción capital hasta la época de los Gracos» (op. Cit. tomo I p. 243).

Esto es, hasta el siglo II a.C. y solo hasta entonces, porque después:

«El poseedor del imperium militar [en otras palabras, el gobernador] no podía imponer al ciudadano romano ni la pena de muerte, ni la de castigos corporales ni el encadenamiento» (op. Cit. tomo 1, p. 250).

Lo que explica el azoramiento del tribuno Lisias que detiene a Pablo cuando se entera de que este es ciudadano romano:

«El tribuno temió al darse cuenta que le había encadenado siendo ciudadano romano» (Hch. 22, 29).

Y no le faltaba razón, porque una de las leyes llamadas *Julias* promulgada por Augusto, castigaba con el destierro al funcionario que hubiese dado muerte, sometido a tortura o condenado a todo ciudadano romano que hubiera interpuesto apelación al emperador.

Ruinas de Cesarea Marítima, donde tenía su sede
el procurador de Judea, Poncio Pilatos

Volviendo al juicio de Jesús ante Poncio Pilato, lo primero que cabe preguntarse es qué clase de proceso es aquél al que el procurador romano sometió a Jesús. A los efectos, se ha de señalar lo que con acierto señala Mommsen:

«De una verdadera administración de justicia penal no puede hablarse; ni siquiera la introducción en Roma del procedimiento por questiones pudo originar un juicio penal verdadero en las provincias. La misión de los gobernadores de estas era, y continuó siendo siempre, mantener obedientes a los súbditos» (op. Cit. tomo 1, p. 244).

Un juicio pues, el que se celebraba en provincias, improvisado y sometido a escasas formalidades, y que se corresponde perfectamente con el que entresacamos de la lectura de los evangelistas. Encaminado, pues, a castigar en modo eficaz y pronta cualquier actuación que pudiera representar una amenaza al orden público y caracterizado, en todo caso, por estos rasgos: audiencia pública; rapidez; inexistencia de trámites, de plazos y hasta de limitaciones; imposibilidad de defensa letrada más allá de la que de sí mismo pueda realizar el propio acusado; interrogatorio directo del juez; sentencia emitida sobre la marcha; y ejecución sumarísima. Poco que ver lo que pasa en provincias con lo que pasa en la capital, en Roma, donde ya desde los últimos tiempos de la República, esto es, desde el siglo I a. C., se daban pasos importantes para regular y regularizar el proceso penal. Lo que, ojo, tampoco debe llevar a la creencia errónea de que todos los juicios llevados a cabo en Roma se atenían de manera estricta a las normas procesales.

Algunos autores han dado en incluir el juicio de Jesús en un género que denominan *extraordinaria cognitio*. Para ser *cognitio*, al juicio de Jesús le falta que la iniciativa del procedimiento y la instrucción hubieran sido estatales, romanas en otras palabras, y lo que nos narran los evangelistas más bien describe un proceso iniciado por procedimiento de *accusatio*, en el que el tribunal judío del Sanedrín actúa a modo de acusación que hace despegar todo el procedimiento.

Como quiera que sea, y por muchos pasos que, como es bien conocido de todos, la ciencia jurídica diera en tiempos del Imperio romano, estos pasos se darán más bien en la capital, en todo caso en las principales ciudades italianas, y preferentemente en el caso de que el acusado fuera un ciudadano romano, llegando las innovaciones a provincias con mucha tardanza. Y eso cuando, como señala Mommsen, llegaban.

Volcando todo lo dicho al expediente Jesús de Nazaret, lo cierto y real es que cuando Poncio Pilato se ve ante la figura del profeta galileo, y también como bien señalan los evangelios con ocasión del mismo acto, ante la de otros personajes como Barrabás o los dos ladrones que acompañan a la cruz a Jesús, el procurador que hace las funciones de juez, actúa con una discrecionalidad ilimitada, que le permite, como veremos, situaciones tan poco regladas como condenar a Jesús a una pena, la flagelación, y luego a otra diferente, la crucifixión; indultar a un ladrón, Barrabás, sobre la marcha; decidir que, ya que hay que practicar una crucifixión, la de Jesús, se unan a ella la de otros dos ladrones que estaban esperando la ejecución de su sentencia sin que del texto evangélico quepa precisar ni desde cuándo y ni siquiera si su pena era propiamente la de crucifixión o podría haber sido otra diferente; o decidir, sobre la marcha, la práctica de una nueva pena, el *crurifragium* de los crucificados, por la única y sencilla razón de que se hacía tarde y las particulares circunstancias del momento desaconsejaban prolongar el tormento. Todo ello entre otras lindezas que no soportarían la menor comparación con un proceso penal tal y como se entiende hoy día y aún llegó a entenderse en tiempos del Imperio romano.

Nos asalta aún otra relacionada con el «expediente Jesús de Nazaret», a saber, si era «normal», o cuanto menos «posible», la extraña instrucción que se realiza en el caso Jesús de Nazaret, con una jurisdicción local, el Sanedrín judío, que inicia el expediente, realiza la instrucción, formula la acusación y determina la culpabilidad, como si, en terminología moderna, de un fiscal público se tratase; y otra jurisdicción diferente, el procurador romano, que la continúa y, en su caso, impone y ejecuta la sentencia. Y si la cuestión reviste especial importancia es porque lo extraño de dicha instrucción ha sido una de las razones que más frecuentemente se ha invocado para apelar a la no veracidad histórica del juicio de Jesús. La verdad, sin embargo, es que la situación, que enmascara un verdadero juicio por *accusatio* como hemos tenido ocasión de describir más arriba, debió de producirse con harta frecuencia en la Palestina del siglo I, y aún en otras provincias del Imperio, y ni siquiera es necesario salir de los textos canónicos para encontrar casos similares. Se trata, una vez más, del juicio en el que se ve envuelto en el año 58 el apóstol Pablo. Nos dice Lucas sobre dicho juicio:

«Al día siguiente, queriendo averiguar [el tribuno romano al que ya nos hemos referido] con certeza de qué le acusaban los judíos, le sacó de la cárcel y mandó que se reunieran los sumos sacerdotes y todo el Sanedrín; hizo bajar a Pablo y le puso ante ellos» (Hch. 22, 30).

En donde vemos que ni siquiera es que el Sanedrín inicie la instrucción y luego dé traslado de esta al tribunal romano, no, sino que es la propia autoridad romana la que se dirige al tribunal judío recabando de este que inicie la instrucción del caso y prepare la acusación. Y eso que el bueno de Lisias, sabía perfectamente, ya que se las jugaba nada más y nada menos que con un ciudadano romano. No solo eso, sino que cuando envía el preso, Pablo, al procurador, aún insiste el tribuno:

«Y he informado además a sus acusadores que formulen sus quejas contra él ante ti» (Hch. 23, 30).

Y para que no se diga que todos los ejemplos que se traen a colación proceden de la misma fuente, las canónicas en este caso, añadamos un último caso: una instrucción en este caso frustrada, recogida por Josefo, en la que vemos al procurador Floro, una decena de años después de cesado Pilato, ordenar que realice, una vez más el Sanedrín, a propósito de unas injurias vertidas sobre su persona:

«Floro [...] saliendo en tribunal contra ellos, sentose más alto de lo que solía; y juntándose los principales de los sacerdotes y de toda la nobleza de la ciudad [el Sanedrín en suma], vinieron todos delante del tribunal y mandolos Floro que luego le denunciasen todos aquéllos que habían dicho mal de él» (Bell. 2, 14).

Solo que la negativa aquí del Sanedrín a actuar como juez instructor se saldará con una instrucción sumarísima realizada por el propio procurador, y la increíble cifra de seiscientos treinta ajusticiados.

De todo lo cual no podemos sino concluir que la utilización de los tribunales locales tradicionales, y concretamente del Sanedrín en Jerusalén, para la instrucción de los expedientes judiciales, fue práctica normal, cuando no frecuente, en los juicios realizados en provincias por la autoridad judicial romana.

4.2. ¿HABRÍA SIDO POSIBLE UNA APELACIÓN DE JESÚS?

Nos queda aún una última cuestión sobre el juicio de Jesús, cual es: ¿había posibilidad de que Jesús hubiera realizado un recurso de apelación a la condena que Pilato le impone? También a tal cuestión responde Theodor Mommsen:

> «Difícil que a los peregrinos se le reconociese derecho a una apelación formal» (op. Cit. tomo 1, p. 249).

Un «peregrino» que no significa otra cosa que «extranjero», es decir, «no ciudadano romano», proveniente del latín per agrum, «por el campo», «el que va por el campo».

Y añade el gran jurista alemán, el gran especialista del derecho romano:

> «Este [el gobernador] tenía atribuciones para enviar a Roma a los peregrinos para que los juzgase el tribunal del emperador; mas tal envío no tenía lugar sino en casos excepcionales» (op. Cit. p. 249).

4.3. SEDE DEL TRIBUNAL

En cuanto al emplazamiento en el que el juicio de Jesús se produce, ninguno de los evangelistas da más referencia que la de que Jesús fue llevado ante Pilato. Ninguno salvo Juan, que nos dice:

> «De la casa de Caifás llevan a Jesús al pretorio» (Jn. 18, 28; cf. Mt. 27, 27; Mc. 15, 16; Lc. 18, 28).

Dicho pretorio, su nombre lo indica, sería la residencia del pretor. Pretor lo que se dice pretor, nombre del cargo del magistrado que impartía justicia en Roma y en provincias, no hubo nunca, como tal, en Jerusalén. Josefo, de hecho, jamás usa la palabra ni en las *Antigüedades* ni en la *Guerra de los judíos*. Si bien no es difícil deducir que el pretorio llamara Juan a la sede de quien impartía habitualmente la justicia romana en Jerusalén, que no es sino, como hemos visto más arriba, el tribuno jefe de la cohorte.

Esto establecido, la afirmación de Juan permite concluir, igualmente, que el procurador Pilatos, en su visita a Jerusalén, se establece en la misma sede del tribuno, razón por la cual, Jesús es conducido ante Pilatos precisamente en el pretorio.

Queda pues por determinar, cual fue la sede de ese pretorio en el cual residía el tribuno, en el cual este impartía justicia, y en el cual se hospedó Pilato en la visita que giró a Jerusalén durante la Pascua que fue la última de Jesús.

Pues bien, tradicionalmente se ha emplazado este pretorio en uno de estos dos lugares: o en el Palacio de Herodes el Grande, situado un kilómetro al este del Templo y anexo a la muralla intramuros, o en la Torre Antonia, situada al norte del Templo y anexa a él. A favor del primer emplazamiento obra una cita de Flavio Josefo, quien en su obra *La guerra de los judíos,* nos informa de lo que hace un procurador romano de nombre Floro, que debe gobernar la región hacia el año 45:

«Floro se aposentó en el palacio real [esto es, el de Herodes] y luego, al otro día, saliendo en tribunal contra ellos, sentose más alto de lo que solía» (Bell. 2, 14).

A favor del segundo emplazamiento obran un par de hechos: en primer lugar, la privilegiada disposición de la que disfruta la Torre Antonia —emplazada en la esquina noroeste del Templo— para vigilar el lugar central de la vida jerosolimitana, esto es, el propio Templo, en el que, a mayor abundamiento, delibera también el Sanedrín, principal órgano de gobierno judío de la época, lugar que cualquier estratega medianamente avezado hubiera elegido si de lo que se trataba era de tener controlada la situación en la levantisca ciudad jerosolimitana. Pero también una nueva pista que aporta Juan sobre el emplazamiento físico del lugar en el que se lleva a cabo el juicio cuando nos dice:

«Al oír Pilato estas palabras, hizo salir a Jesús y se sentó en el tribunal, en el lugar llamado Enlosado, en hebreo Gabbatá» (Jn. 19, 13).

Litóstrotos o camino de piedra, en el que pudo tener lugar el juicio de Jesús

Y es que unas excavaciones realizadas en 1928 permitieron hallar en la Torre Antonia un pavimento de unos mil quinientos metros cuadrados que perfectamente podría corresponderse con ese «enlosado» del que nos habla Juan, cosa que, de ser así, constituiría una nueva prueba de la historicidad de los evangelios, a los que los descubrimientos arqueológicos que se están produciendo desde el siglo XIX, no hacen sino respaldar en su veracidad.

Existen en el Evangelio otras dos referencias al pretorio. La primera se la debemos a Mateo, quien al informar de las vejaciones a las que Jesús es sometido después del juicio de Pilato, nos dice:

> «Entonces [esto es, finalizado el juicio de Pilatos] los soldados del procurador llevaron consigo a Jesús al pretorio, y reunieron alrededor de él a toda la cohorte» (Mt. 27, 27)

Lo que hace pensar que, contrariamente a lo que dice Juan, el juicio de Jesús no tuvo lugar en el pretorio, pues lo que sí tuvo lugar en este lugar, pero nunca antes de producirse un desplazamiento («llevaron consigo a Jesús»), son las vejaciones que, por parte de la soldadesca romana, sufrió el profeta de Galilea.

Marcos también se refiere a dicho pretorio, pero lo hace con palabras que, por el contrario que Mateo, no contradicen a Juan. Y es que, hablando del mismo episodio de las burlas de la tropa romana, indica lo siguiente:

> «Los soldados le llevaron [a Jesús] dentro del palacio, es decir, al pretorio, y llaman a toda la cohorte» (Mc. 15, 16).

De donde lo que se colige es lo contrario que en Mateo, a saber, que el juicio tuvo lugar en una dependencia del palacio en el que se hospedaba Pilato y las burlas en otra, pero ambos episodios en el mismo palacio y sin salir nunca de él.

4.4. JESÚS ANTE PILATOS

Iniciándonos, pues, propiamente, en lo que constituyó el juicio de Jesús, y una vez que este abandona el tribunal judío, el objetivo de sus captores judíos, que ya le han juzgado de acuerdo con su ley en el Sanedrín, no es otro que el de obtener una pena de muerte por la vía que sea. Para ello, se apresuran a instruir un nuevo y sumarísimo proceso, esta vez ante la autoridad romana. Es muy temprano, por la mañana. Marcos, el que mayor precisión observa al respecto, nos dice que a la hora tercia (las nueve de la mañana) Jesús ya está crucificado (cf. Mc. 15, 25), mientras que al amanecer (sobre las seis de la mañana) el Sanedrín había celebrado consejo tras el cual es cuando se lleva a Jesús ante Pilato (cf. Mc. 15, 1). Todo apunta a que Jesús pudo comparecer ante el procurador romano entre las siete y las ocho de la mañana, más bien hacia las siete que hacia las ocho. Puede parecer muy temprano y por ello extraordinario, pero con toda probabilidad no lo era en una civilización que tenía que hacer máximo aprovechamiento de las horas de luz, pues determinadas conquistas actuales entre las que se cuentan el alumbrado nocturno de las ciudades no eran ni remotamente pensables en una ciudad como Jerusalén. Por otro lado, existe una limitación horaria al juicio en cuestión, y es que, según nos informa Josefo, el emperador Augusto había garantizado a los judíos que ninguno sería obligado a «dar garantías ante el juzgado un sábado o la víspera desde la hora nona» (Ant. 16, 6, 2), esto es, las tres de la tarde. Lo que indica, una vez más, lo precipitado de la instrucción y la sumariedad con los que se actuó en el «caso Jesús de Nazaret».

Después de cuanto se ha dicho, a nadie se le escapa que el hecho de que Pilato se hallara en Jerusalén cuando Jesús es detenido es, si no casual, sí, en todo caso, circunstancial, y está muy probablemente relacionado con el hecho de que se estuviera celebrando la Pascua. Y no tanto, como pudiera pensarse, por lo que de pintoresca o solemne pudiera tener la celebración, sino por constituir dicha festividad una ocasión muy proclive a las revueltas, al concentrarse en la ciudad santa de los judíos una población flotante que muy probablemente duplicara o triplicara a la población fija, la cual podría pasar, según la estimación que hace Joachim Jeremías en su obra Jerusalén en tiempos de Jesús (cf. op. Cit. p.121), de 55 000 habitantes en sus días normales, a 180 000 en los días festivos. Sanders en su obra Judaísmo, eleva considerablemente la cifra de los habitantes de Jerusalén en los días festivos hasta un máximo de 500 000 (op. Cit. p. 126-128). En cualquier caso, lejanos de las cifras, a todas luces exageradas, que hacen los cronistas coetáneos, así Tácito, quien en sus Historias nos habla de un millón cien mil personas asediadas en Jerusalén cuando Tito toma la ciudad en el año 70 (cf. op. Cit. lib. V, p. 225), o Josefo, que nos habla de dos millones setecientos mil habitantes en total (Bell. 7, 17).

Como si se sintiera obligado a darnos la razón en lo relativo a lo delicado de la fecha, nos cuenta Flavio Josefo:

«Al acercarse la llamada Fiesta de Pascua (durante la cual nosotros estamos obligados, según la costumbre tradicional, a ingerir únicamente pan fermentado) y a acudir a la referida fiesta multitudes ingentes, procedentes de todas partes, Cumano [procurador de Judea, como lo fuera Poncio Pilato, entre los años 48 y 52], por temor a que con este motivo se produjera algún tumulto, mandó a un regimiento de su ejército que cogiera las armas y montara guardia en los pórticos del Templo, con la misión de reprimir cualquier posible agitación que surgiera. Estas precauciones también las habían tomado en las fiestas los procuradores de Judea anteriores a él [o sea, Poncio Pilato]» (Ant. 20, 105).

Que las que fiestas se celebran en Jerusalén son motivo frecuente de revuelta queda patente en otros relatos de Josefo. Así, aquél en el que nos habla de la rebelión que tuvo lugar en la misma Jerusalén una vez muerto Herodes «con motivo de la celebración próxima del día de Pentecostés» (Ant. 17, 254).

Ante Pilato, las acusaciones con las que se imputa a Jesús son, naturalmente, diferentes de las que se habían formulado en el Sanedrín. La razón es muy clara: los cargos formulados en el Sanedrín, aunque gravísimos desde la Ley judía y merecedores según ella de la pena capital, no son castigables según la Ley romana, que es la que debe imponer la pena. ¿Cuáles son, pues, los nuevos cargos? Los cuatro evangelistas coinciden en el principal de ellos, aquél tan grave que debería granjear por sí solo la antipatía de Pilato hacia el reo; proclamarse rey de los judíos:

«Jesús compareció ante el procurador, y el procurador le preguntó: "¿Eres tú el rey de los judíos?"» (Mt. 27, 11; muy similar en Mc. 15, 2; Lc. 23, 2; Jn. 18, 30).

No es el único cargo contra Jesús. El propio Pilato se lo hace saber al Galileo:

«¿No oyes de cuántas cosas te acusa?» (Mt. 27, 13; muy similar en Mc. 15, 4).

Juan lo expresa de otra manera, poniendo en boca de los judíos estas palabras:

«Si este no fuera un malhechor, no te lo habríamos entregado»(Jn. 18, 30).

Jesús ante Poncio Pilatos. Antonio Ciseri. Ecce Homo

Lucas, el que más precisa de entre los evangelistas, especifica tres:

«Comenzaron a acusarle diciendo: "Hemos encontrado a este alborotando a nuestro pueblo, prohibiendo pagar tributos al César y diciendo que él es Cristo rey."» (Lc. 23, 2).

Pilato no ve clara la culpabilidad de Jesús:

«Ningún delito encuentro en este hombre» (Lc. 23, 4).

Afirmación que, más allá de la que recogen los evangelistas Mateo (Mt. 27, 23) y Marcos (Mc. 15, 14), se repite en hasta tres ocasiones en las versiones tanto de Lucas (Lc. 23, 4; Lc. 23, 14; Lc. 23, 22) como de Juan (Jn. 18, 38; Jn. 19, 4; Jn. 19, 6). Una cifra, el tres, que curiosamente, adquiere graves resonancias en la pasión de Jesucristo. Así, tres son los apóstoles que Jesús se lleva al huerto a rezar con él; tres las veces que su fiel Pedro le niega; tres los juicios que va a sufrir; tres las veces que se cae el Nazareno en su ascensión al Gólgota (evento extraevangélico, no obstante, solo presente en la tradición del Via Crucis); tres los hombres crucificados aquella tarde; tres los días que pasa muerto Jesús antes de resucitar...

Comoquiera que sea, y según los evangelistas, al gobernador romano el tema no le agrada, e intenta por todos los medios desentenderse, un hecho en el que se muestran de acuerdo los cuatro evangelistas sin excepción. Lo que no quita para que los medios que utiliza Pilato, al que vemos actuar más como abogado defensor que como verdadero juez, para desembarazarse del difícil expediente, no sean los mismos en los cuatro evangelios. La primera tentativa dirigida en ese sentido la recoge Juan y solo Juan, y consiste en el intento de devolver el juicio a sus acusadores:

«Tomadle vosotros y juzgadle según vuestra Ley» (Jn. 18, 31).

A lo que los judíos se niegan porque insisten en que desean una condena de muerte que ellos no pueden aplicar por tener el *Ius Gladii* restringido, al que ya hemos tenido ocasión de referirnos:

«Los judíos replicaron: "Nosotros no podemos dar muerte a nadie."» (Jn. 18, 31).

Ante el fracaso de esta primera tentativa, Pilato todavía hace hasta tres más de salvar al reo, o, por lo menos, de desentenderse de un juicio que no le gusta, el cual, por otro lado, tiene todos los visos de terminar con una condena capital que no quiere emitir.

La primera de ellas nos la relata únicamente Lucas. El procurador romano, al ser informado de que el reo es galileo, y aprovechando que Herodes Antipas, rey de Galilea, se halla presente en Jerusalén con motivo de la Pascua, intenta trasladarle la jurisdicción del caso (cf. Lc. 23, 6-12), cosa que hace mediante una especie de sumarísima extradición del reo de sencilla consumación, pues Herodes pasaba la noche a apenas unos metros de distancia, en un palacio de su propiedad en el que probablemente hasta disfrutaba de algo parecido a la extraterritorialidad de la que disfrutan hoy día las embajadas de un país en la del país anfitrión. Una tentativa a la que nos vamos a referir en detalle en el epígrafe que sigue a este, pero que desde ya podemos avanzar que, como la anterior, le sale mal al procurador romano.

La segunda tentativa de la que se vale Pilato es la única que nos relatan los cuatro evangelistas sin excepción: se trata ahora de ofrecer el indulto de Jesús. El relato es sustancialmente diferente, sin embargo, en Mateo, Marcos y Juan por un lado (Mt. 27, 15-21; Mc. 15, 6-11; Jn. 18, 39-40), y en Lucas por otro (Lc. 23, 18-19).

Y es que, en los primeros, lo que hace Pilato es proponer al pueblo una especie de indulto pascual para Jesús que los evangelistas presentan como una tradición consolidada en la zona y en la época, tradición sobre la que, sin embargo, y a fuer de ser sinceros, no se ha encontrado más fuente que los evangelios. De cara a cumplir con tan oportuna tradición, Pilato ofrece al pueblo dos opciones: o indultar a Jesús, o indultar a un preso encerrado en las mazmorras romanas de nombre Barrabás, el cual se hallaba, con toda probabilidad, a la espera de inminente ejecución. En Lucas, en cambio, lo que ocurre es algo diferente: y es que mientras Pilato se desgañita en ofrecer algún argumento que avale la inocencia de Jesús, el pueblo aprovecha el afán del procurador en comportarse generosamente con el pueblo sobre el que gobierna para pedirle la liberación de otro preso diferente, que no es sino Barrabás: no hay pues una tradición consolidada que se denomine indulto pascual; hay una buena oportunidad que el pueblo aprovecha para conseguir un indulto, aunque no precisamente el de Jesús.

Sea como lo narran Mateo, Marcos y Juan, sea como lo narra Lucas —probablemente en este caso, de sus colegas el que mejor se ajuste a la realidad—, la cuestión es que también esta segunda argucia le falla al procurador, y el pueblo, azuzado por los sumos sacerdotes y escribas (Mt. 27, 20), en ningún momento quiere ni oír hablar de dejar libre a Jesús. Curiosamente, es entonces —y no antes— cuando espoleado tanto por la insistencia de sacerdotes y escribas, como por el azoramiento en el que ve incurrir al procurador, el pueblo judío empieza a bramar por la crucifixión de Jesús, algo en lo que se muestran unánimes los cuatro evangelistas que lo relatan de manera muy parecida:

«Crucifícale, crucifícale» (Lc. 23, 21; prácticamente idéntico a Mt. 27, 22; Mt. 27, 23; Mc. 15, 13; Mc. 15,14; Jn. 19, 6; Jn. 19, 15)

Y lo hace en la forma tenaz en que los judíos sabían hacerlo y que de hecho, había experimentado ya en sus carnes el procurador Pilato, quien, sin duda, se acordaba en aquellas horas de lo que le aconteciera apenas unos años antes, cuando al hacerse cargo de la prefectura de Judea, se le apostaron a las puertas de su palacio en Cesarea unos miles de judíos reclamando la retirada de las estatuas imperiales de Jerusalén, y, exhibiendo el gaznate desnudo, se mostraban dispuestos a dejarse matar con tal de salirse con la suya.

La tercera y última argucia de Pilatos, relatada por Lucas y por Juan, consiste en aplicar a Jesús una pena distinta de la pena capital, en un intento desesperado de aplacar la sed de sangre de los judíos, pero evitando al mismo tiempo, la ejecución del reo. Lucas pone en boca de Pilatos estas palabras:

«Le daré un escarmiento y le soltaré» (Lc. 23, 16).

Juan concreta más en qué consiste el escarmiento:

«Pilato entonces tomó a Jesús y mandó azotarle. Los soldados trenzaron una corona de espinas, se la pusieron en la cabeza y le vistieron un manto de púrpura; y, acercándose a él, le decían: "Salve, rey de los judíos". Y le daban bofetadas.

Volvió a salir Pilato y les dijo: "Mirad, os lo traigo fuera para que sepáis que no encuentro ningún delito en él". Salió entonces Jesús fuera llevando la corona de espinas y el manto de púrpura. Díceles Pilato: "Aquí tenéis al hombre"». (Jn. 19, 1-5).

Tentativas de Pilatos por salvar a Jesús	Mateo	Marcos	Lucas	Juan
Declarar que no ve la culpabilidad de Jesús	Mt. 27, 23	Mc. 15, 14	Lc. 23, 4 Lc. 23, 14 Lc. 23, 22	Jn. 18, 38 Jn. 19, 4 Jn. 19, 6
Devolver el preso al Sanedrín				Jn. 18, 31
Extraditar a Jesús a la jurisdicción de Herodes			Lc. 23, 6-12	
Ofrecer el indulto para Jesús	Mt. 27, 15-21	Mc. 15, 6-11	Lc. 23, 18-19	Jn. 18, 39-40
Darle un escarmiento en lugar de ejecutarle			Lc. 23, 16	Jn. 19, 1-5

Realizados todos los intentos que se han narrado, Pilato constata que la situación no ha mejorado, y, así las cosas, un argumento pronunciado por el populacho se muestra decisorio para forzar el veredicto del procurador:

«Todo el que se hace Rey [como lo hace Jesús] se enfrenta al César [...] No tenemos más rey que el César» (Jn. 19, 12-15).

Una frase que suena a hipócrita en boca del sojuzgado, cínico y orgulloso pueblo judío, pero que, como ya hemos visto, no tenía por qué serlo tanto, pues en el intrincado laberinto político en el que se desenvuelve la situación palestina, para muchos judíos la dictadura romana era mejor que la de cualquier dinastía local. Obligado es recordar la cita que hicimos más arriba, en la que Josefo describe la opinión de la mayoría de los judíos que, cuando en Roma se decidía el destino de los territorios palestinos, reclamaban al césar Augusto:

«Todos rogaban a los romanos que tuviesen por bien tener misericordia de lo que de Judea quedaba salvo, y no diesen lo que de toda esta nación quedaba en vida a hombres que tan cruelmente los trataban [Herodes y sus hijos]; pero que juntasen con los fines y términos de Siria los de Judea, y determinasen jueces romanos que los rigiesen y amonestasen» (Bell. 2, 4).

Por si lo dicho arriba fuera poco, el argumento se refuerza con una amenaza que, aunque velada, va perfectamente dirigida a su objetivo, que no es otro que condicionar el ánimo de Pilato:

«Si le sueltas, no eres amigo del César» (Jn. 19, 12).

La amenaza tiene mucho mayor trasfondo del que quepa imaginar, pues en el avispero que es en la época el imprevisible escenario palestino, cualquiera podía ser acusado ante el César de no haber velado correctamente por sus intereses. Con toda seguridad, por la cabeza de Pilato pasó entonces la conocida amistad —de la que nosotros estamos tan bien informados gracias a Josefo y Pilato, sin duda, no lo estaba menos— con la que su gran rival Herodes, presente, a mayor abundamiento, ese día en Jerusalén, y el emperador en Roma, Tiberio, se obsequiaban mutuamente.

¿Para qué complicarse, pues, la existencia por un pobre judío que estaba ya prácticamente muerto después del formidable escarmiento que le había propinado el verdugo romano, por el que no daba la cara ninguno de sus compatriotas, y por cuya inocencia solo el propio Pilato parecía apostar?

El procurador romano entonces, haciendo honor a uno de los rasgos más característicos de su personalidad, el pragmatismo en grado sumo, condena al reo a la crucifixión, poniendo fin de la manera más expeditiva, a un motín que empieza a oler de manera pestilente. Enrabietado, posiblemente hasta indigestado por el sabor amargo que proporciona la hiel de la impotencia y la derrota evidente, una vez más, frente al pueblo que se suponía gobernaba, una hiel que, por cierto, le habían hecho degustar sus levantiscos súbditos judíos por lo menos una vez en el pasado antes de hacerlo también en esta ocasión, no lo hace, sin embargo, de cualquier manera, sino lavándose las manos en la forma que es sobradamente conocida, y pronunciando las no menos conocidas palabras:

«Inocente soy de la sangre de este justo» (Mt. 27, 24).

«Su sangre sobre nosotros», responde, con la exaltación de quien ha conseguido lo que se propone, el pueblo enardecido, pronunciando una frase que atronará en los oídos de tantos judíos que, muchos siglos después, algún milenio incluso, serán llevados a las piras levantadas por cristianos que utilizan entre otros, el argumento de la sangre de Cristo caída sobre las espaldas de los sucesores de quienes la derramaron, algo que convierte a los judíos en el «pueblo deicida». Glosando estas palabras, en su obra *Comentario a Mateo,* escribe san Jerónimo:

> «Buena, buena herencia dejaron los judíos a sus hijos» (op. Cit. p. 267).

En la condena, Pilato hace constar como razón de esta la que los judíos le proponen, a saber, la espuria reivindicación al trono supuestamente realizada por Jesús, la misma que aparecerá en el cartel que Pilato hace clavar al madero en el que cuelga el cuerpo del Nazareno, el llamado *titulus,* en el que se lee: «Este es Jesús, el rey de los judíos», según Mateo (cf. Mt. 27, 37) y Lucas (cf. Lc. 23, 38); «El Rey de los judíos», según Marcos (cf. Mc. 15, 26); «Jesús el Nazareno, rey de los judíos», según Juan (cf. Jn. 19, 19).

Una condena, esta que el procurador inscribe en el *titulus,* que sin duda coincidió, con la que el procurador haría constar en el acta de los hechos que, verosímilmente, remitiría a Roma, un acta a la que se refieren de hecho como «visitable» en su época —probablemente en los archivos imperiales—, autores cristianos tan tempranos como Tertuliano (n.h.155-m.h.222), o Justino (n.100-m.165), en cuya *Apología* leemos:

> «Y que todo esto sucedió así podéis comprobarlo por las actas redactadas en tiempos de Poncio Pilato» (op. Cit. 1, 35, 9).

Vemos, pues, a Jesús, por mor de la rocambolesca situación legal de la época, condenado a ser crucificado, algo que, por otro lado, según Juan, el propio Jesús había profetizado —«Así se cumpliría lo que había dicho Jesús cuando indicó de qué muerte iba a morir» (Jn. 18, 32)— cuando la pena que le habría correspondido, según la ley de su nación, era la misma de la que salvara a aquella mujer adúltera unos días antes de ser él mismo ejecutado: la lapidación. De acuerdo con lo que marca la estricta ley de los judíos:

«Si tu hermano [...] o tu amigo [...] trata de seducirte en secreto diciéndote: "Vamos a servir a otros dioses", [...] no le perdonarás ni le encubrirás, sino que le harás morir [...]. Lo apedrearás hasta que muera, porque ha tratado de apartarte de Yahvé tu Dios" (cf. Dt. 13, 7-11).

Los evangelios nos presentan una situación que ha de ser, cuanto menos, considerada paradójica, y es la de un pueblo que se desgañita pidiendo la condena de un compatriota a una pena cual es la crucifixión que, en principio, es ajena a su ordenamiento jurídico. Dicha situación, sin embargo, no ha de resultarnos tan extraña. Y ello por, al menos, tres razones diferentes. La primera es que la pena de crucifixión pertenece a una familia de penas, una de cuyas manifestaciones, el colgamiento, se halla, como veremos, perfectamente recogida en el sistema penal judío. La segunda, porque como podemos conocer en la obra de mi producción *Crucifixión. Orígenes e Historia del suplicio,* la cruz terminó siendo, de hecho, un instrumento de ejecución muy familiar a los judíos contemporáneos de Jesús, los cuales no solo la padecieron con inusitada frecuencia de sus opresores romanos, bajo el yugo de los cuales llevaban ya prácticamente un siglo, sino que la practicaron también entre sí. Y la tercera porque, al fin y a la postre, el principal de los objetivos de la cruz, el escarnio del atormentado y la erradicación del movimiento al que perteneciera o dirigiera, algo para lo que el suplicio en cuestión se presentaba como *ad hoc,* era exactamente aquél que pretendían conseguir los que reclamaban la crucifixión de Jesús. Y es que como el propio *Deuteronomio* dice, «un colgado es una maldición de Dios» (Dt. 21, 23).

De todo lo cual hay que extraer dos importantes implicaciones. La primera, que, aunque sea a pesar de la voluntad de quien impone la pena, e inducida por el pueblo judío hasta extremos que hacen pensar en la posibilidad de un motín de imprevisibles consecuencias en caso de no haberse aplicado, la condena de Jesús de Nazaret es romana, no judía, pues de haber sido propiamente judía, nunca habría sido de crucifixión. La segunda que, en consecuencia, con ello, el delito por el que se ajusticia al Nazareno no es el de blasfemia contra un Dios que no tiene cabida en el Olimpo romano, sino algún otro, desorden público, sedición, pero, en cualquier caso, por lo menos a efectos oficiales (*titulus,* acta del juicio), alguno recogido en el código penal romano.

5. El juicio galileo

Nos queda por tratar un tercer proceso sin ninguna importancia al lado de los dos que hemos analizado, pero por encima del cual no queremos pasar sin, aunque solo sea dedicarle una breve reseña.

Lucas y solamente Lucas nos hablan de un extemporáneo juicio por el que pasa Jesús, este ante el que es «su rey», Herodes Antipas, «que por aquellos días estaba también en Jerusalén» (cf. Lc. 23, 7), monarca que lo es entre los años 6 y 40 de Galilea, región de la que es oriundo Jesús.

Ocurre que Pilatos, que quiere desembarazarse como sea del engorroso juicio que le ha caído en suerte, envía el reo a Herodes Antipas, el cual, con toda probabilidad, reside en el palacio de los asmoneos, unos trescientos metros al este del Templo, donde se encuentra eventualmente para celebrar la Pascua en Jerusalén, como buen judío que es o, por lo menos, tiene que parecer. A los efectos, conviene señalar que, aunque no fuera el monarca reinante en Jerusalén, nada tiene de particular que Herodes girara a la ciudad santa de los judíos puntual visita con motivo de las fiestas más importantes, y concretamente la de la Pascua.

Lo que en términos jurídicos hace Pilato no es otra cosa que practicar un expediente de extradición, mediante el que renuncia a la jurisdicción territorial que le corresponde sobre el reo, en beneficio de la jurisdicción personal que corresponde a Herodes por razón de la nacionalidad galilea de Jesús.

Lucas relata la reacción de Herodes al ver a Jesús:

«Cuando Herodes vio a Jesús se alegró mucho, pues hacía largo tiempo que deseaba verle, por las cosas que oía de él, y esperaba que hiciera algún signo en su presencia. Le hizo numerosas preguntas, pero él no respondió nada» (Lc. 23, 8-9).

Naturalmente, a pesar de la poca simpatía que pudieran sentir por el rey de Galilea, y por mucho que unos y otro estuvieran igualmente interesados en la muerte de Jesús, al reo acompañan unos personajes que al rey de Galilea no debieron de parecer sino inquietantes:

«Estaban allí los sumos sacerdotes y los escribas acusándole con insistencia» (Lc. 23, 10).

Unos sumos sacerdotes que se consideran investidos de la verdadera legitimidad para ejercer la autoridad sobre el pueblo judío y que para nada comulgan con la dinastía que iniciara el padre del actual rey de Galilea, Herodes llamado el Grande.

La jugada le sale mal al procurador romano, pues Herodes Antipas, después de juguetear con el preso, se lo devuelve intacto:

«Pero Herodes, con su guardia, después de despreciarle y burlarse de él, le puso un espléndido vestido y le remitió a Pilato» (Lc. 23, 11).

Y todo ello sin detrimento de que el importante apócrifo titulado *Evangelio de Pedro* se pronuncie por una participación del tetrarca galileo en los hechos mucho más protagonista, como demostrarían estas palabras que el texto pone en boca del tirano:

«Entonces el rey Herodes manda que se hagan cargo [los judíos] del Señor diciéndoles: "Ejecutad cuanto os acabo de mandar que hagáis con él"» (EvPed. 1, 2)

Habla el texto lucano de una enemistad entre Pilato y Herodes anterior al juicio de Jesús:

«Aquel día Herodes y Pilato se hicieron amigos, pues antes estaban enemistados» (Lc. 23, 12).

Una enemistad que, aunque el evangelista no lo haga, no es difícil de explicar. La política exterior de Herodes consistía en recomponer bajo su cetro el vasto territorio sobre el que reinaba su padre, Herodes el Grande, por lo tanto, también sobre la Judea sobre la que «reina», podemos decir, Poncio Pilato. Tanto así que, al final de su vida, e incitado por su ambiciosa esposa Herodías, hará un insensato viaje a Roma con intención de convencer al emperador Calígula de que le haga rey, título que no posee pues gobierna a título de tetrarca. Probablemente, entre sus secretas intenciones no solo se halla la de obtener dignidad tal, sino también la de solicitar del emperador que dicha dignidad recaiga sobre todo el territorio sobre el que reinó su padre, la «gran Palestina», y no solamente sobre el pequeño reino galileo en el que reina él.

La idea no es tan descabellada, hasta el punto de que, aunque Antipas no lo consiga —y es que Calígula ya no le permitirá volver a Palestina y lo exiliará en el Pirineo (cf. Ant. 18, 7, 2)—, sí lo conseguirá su inmediato sucesor en el trono cuando aquél es exiliado, Herodes Agripa I, su sobrino, hijo de su medio hermano Aristóbulo con su esposa Berenice, y nieto de Herodes el Grande, padre de Herodes Antipas.

Por Josefo, conocemos de una enemistad de Herodes muy similar a la que según Lucas sostiene con Pilato, y es la que sostiene con el legado de Siria Vitelio, permitiéndose el tetrarca galileo incluso informar al césar de lo que acontece en el escenario palestino antes de que lo haga el propio legado romano, lo que, como es fácil de imaginar, produce la «turbación» del legado (cf. Ant. 18, 4, 5). Lo que incluso, permite barruntar que Herodes era el gran confidente del emperador Tiberio en la zona, con la consiguiente desconfianza que ello pudiera generar entre los políticos romanos destinados en la misma, entre los cuales estaba Pilato.

A lo que, en cambio, no se ha dado una explicación lo suficientemente convincente, es al hecho de que, de resultas del juicio de Jesús, el tetrarca galileo —Herodes— y el procurador romano —Pilato— se reconcilien. La única posible es que se tratara de una mera tregua en sus hostilidades, producto del agradecimiento de Herodes a su enemigo romano por reconocerle su jurisdicción sobre el reo, unido al de Pilato hacia el rey galileo por el mismo reconocimiento. Pero lo cierto es que tal explicación no encaja bien en el contexto del relato, donde lo único que vemos es a dos personas compitiendo por encasquetarle a la otra la «patata caliente» que el caso Jesús de Nazaret representa para ambos, y cómo uno de ellos, Herodes, se muestra más astuto que el otro y se la endosa.

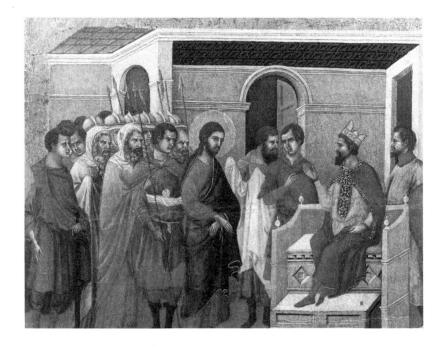

Jesús ante Herodes. Duccio di Buoninsegna

El juicio galileo de Herodes, que solo relata Lucas, ha sido frecuentemente acusado de fantasioso. Y si bien es cierto que pasa mal por el tamiz del famoso criterio del *testimonio múltiple* (así llamado el que es aportado por más de una fuente) —solamente Lucas se refiere a él— y por no hacerlo no lo hacen ni siquiera sus compañeros sinópticos. Sin embargo, es bastante más verosímil de lo que quepa imaginar, y encaja bastante bien en el relato general de los evangelios.

En primer lugar, no es inverosímil que Herodes pasara la Pascua con frecuencia en Jerusalén, lo cual no sería tanto consecuencia de una religiosidad que no se le atribuye, como producto de un interés político claro que le llevaría a presentarse en la ciudad santa de los judíos cuya soberanía reclamaba a la primera ocasión posible. De hecho, por Josefo conocemos, al menos, de una visita más de similares características, aquélla que celebra en el año 37 (cf. Ant. 18, 5, 3).

En segundo lugar, siendo así que Herodes se hallaba en Jerusalén, nada tiene de particular que, a un Pilato azorado y superado por la situación, se le hubiera pasado por la cabeza una treta tan política e ingeniosa como enviarle el muerto a quien le puede resolver la papeleta con facilidad.

Y, en tercer lugar, por lo que se refiere al conocimiento que Lucas tiene del evento y al parecer solo él, lo que está claro es que el tercero de los evangelistas maneja entre sus trabajadas fuentes —Lucas es, de los evangelistas, el que registra un comportamiento más similar al de un historiador profesional— más de una muy próxima al tetrarca galileo. Y no se abstiene de demostrarlo el tercero de los evangelistas, único que cita a una de las mujeres que acompañan a Jesús y le subvienen con sus propiedades, Juana, a la que describe como «mujer de Cusa, un administrador de Herodes» (Lc. 8, 3); único, igualmente, en mencionar a un seguidor cristiano tan especial como lo es Manahén, nada más y nada menos que «hermano de leche del tetrarca Herodes» (Hch. 13, 1).

6. Conclusiones

Dentro de un general acuerdo en que Jesús es juzgado primero por los judíos y luego por los romanos, los evangelistas realizan un relato que coincide poco en los detalles. Como ya se ha dicho, las únicas narraciones de las que con propiedad se puede decir que son idénticas o suficientemente similares son las de Mateo y Marcos, que recogen un juicio nocturno e informal en casa de Caifás, donde se reúnen los miembros del Sanedrín, seguido de una especie de acto de corroboración o ratificación por la mañana en la propia sede del Sanedrín, y, a continuación, el juicio de Pilatos.

Del relato de Lucas se extrae que en casa de Caifás Jesús simplemente está preso, siendo juzgado formalmente de día y en la sede del Sanedrín. Lucas es también el que, en medio del juicio romano, nos habla de la pantomima del juicio de Herodes que hemos dado en llamar «juicio galileo».

La secuencia de los hechos es definitivamente diferente en Juan. En su Evangelio, el juicio judío es anterior a la detención de Jesús, probablemente unos días antes de que este hiciera su entrada triunfal en Jerusalén el domingo anterior a la Pascua, y se produce en ausencia del acusado, el cual ni siquiera ha sido citado, según se ha de extraer de la secuencia de los hechos, por lo que ni siquiera cabe hablar de lo que hoy día llamaríamos «un juicio en rebeldía». Se produce luego, una vez detenido ya Jesús, una especie de instrucción en casa de Anás, antiguo sumo sacerdote, el cual manda el preso a Caifás, donde todo parece indicar que Jesús simplemente es custodiado, hasta que de ahí es enviado a Pilato.

La tabla que sigue a continuación refleja un resumen de los eventos que relata cada evangelista en lo relativo al juicio de Jesús. En gris, el juicio judío; en verde, el juicio galileo; en blanco, el judío.

Evento	Mateo	Marcos	Lucas	Juan
Juicio ante el Sanedrín Días antes de detener a Jesús				Jn. 11, 47-53
Juicio ante Anás. Jueves noche. En casa de Anás				Jn. 18, 13-24
Juicio ante Caifás. Jueves noche. En casa de Caifás	Mt. 26, 57-67	Mc.14, 53-65		
Preso. Jueves noche. En casa de Caifás			Lc. 22, 54-65	Jn. 18, 24-28
Juicio ante el Sanedrín Viernes por la mañana. En la sede del Sanedrín.	Mt. 27, 1	Mc. 15, 1	Lc. 22, 66-71	
Juicio ante Herodes. Viernes por la mañana. En casa de Herodes.			Lc. 23, 8-12	
Juicio ante Pilatos Viernes por la mañana. En el pretorio.	Mt. 27, 2-26	Mc. 15, 1-15	Lc. 23, 1-25	Jn. 18, 28-19, 16

La tabla anterior nos permite sacar los siguientes grupos de conclusiones:

1º. Las divergencias entre los evangelistas radican principalmente en lo concerniente al juicio judío, realizado «en» o «por los miembros del Sanedrín (en el cuadro en sombreado)». Por el contrario, existe un acuerdo grande en lo relativo al juicio romano de Jesús.

2º. El juicio ante Herodes, por lo demás frustrado, solo aparece en Lucas, sin que exista el menor indicio en los otros evangelistas y sin que, en realidad, ni siquiera haya mucho tiempo para que se lleve a la práctica. Extraña un poco el porqué de incluirlo Lucas o, en su caso, el porqué de omitirlo los otros tres evangelistas, y tiene, en principio, escasos visos de haberse producido realmente, aunque un examen pormenorizado del tema permite concluir que es más probable de lo que a primera vista se presenta.

3º. Desde el punto de vista del proceso judío, la versión evangélica que mejor se corresponde con las estrictas formalidades a las que parece sometido el proceso judío —aunque dicho proceso solo lo conozcamos por una fuente muy posterior, el *Tratado del Sanedrín* que se recoge en el *Talmud,* y quepa preguntarse cuanto de lo explicitado en ella se practicaba ya en tiempos de Jesús—, es la de Lucas. Desde ese mismo punto de vista, el proceso judío que relata Juan, aunque el evangelista se muestre parco en palabras en lo relativo a su desarrollo, se presenta como sumamente irregular: la condena se pronuncia sin ni siquiera comparecer el preso, y la instrucción, una vez detenido el preso, se produce *a posteriori,* sin las formalidades correspondientes, fuera de sede y con la condena pronunciada de antemano. Las versiones de Mateos y Marcos del juicio arrojan igualmente multitud de irregularidades frente a ese proceso del que hablamos que recoge el Talmud, si bien el aspecto formal es finalmente subsanado mediante una sesión del Sanedrín realizada, esta sí, en tiempo y forma.

3. EL DELITO

1. ¿Blasfemia? ¿Sedición? ¿Por qué se condena a Jesús?

Llegados a este punto, esto es, analizados los distintos grupos en cuya enemistad pudiera haber incurrido el maestro de Nazaret durante su impenitente peregrinar por las tierras de Palestina, desmenuzados los sucesivos juicios a los que es sometido Jesús, corresponde, a modo de conclusión, responder a la siguiente pregunta: ¿realmente fue Jesús condenado por blasfemo, y si murió en la cruz solo porque sus compatriotas judíos, que le quieren eliminar, urden las cosas para que Pilatos, único con autoridad para ello, lo mande colgar de una cruz? ¿O más bien fue, por el contrario, colgado Jesús en la cruz porque esa era la pena que correspondía en derecho romano a un sedicioso y como tal sedicioso pagó, sin que tuvieran que ver mucho o nada ni sus posibles blasfemias, ni las maquinaciones para ello de sus compatriotas judíos?

La cuestión, que pudiera parecer baladí, se ha tornado crítica en la exégesis moderna, pues en torno a ella se disputa una de las batallas más importantes de cuantas presenta *el debate del Jesús histórico* que se abre con la importante obra del teólogo alemán Herman Samuel Reimarus (n.1694-m.1768) *Acerca del propósito de Jesús y el de sus discípulos*, publicada en 1774, una vez muerto su autor, y que ha abierto múltiples senderos por los que han transitado algunos de los teólogos e historiadores del cristianismo.

Antes de entrar a dar una respuesta al tema, corresponde centrar la trascendencia de la respuesta que buscamos dentro del debate al que nos referimos. Pues bien, la tradición cristiana no haya ninguna dificultad en asumir como propio, e identificarse plenamente, con un Jesús condenado a muerte como blasfemo por sus compatriotas israelitas, ya que precisamente sobre esa blasfemia —blasfemia que no es otra que la de proclamarse el Cristo, el Hijo de Dios o ambos (Mt. 26, 63-64; Mc. 14, 61-62; Lc. 22, 67-70)—, insoportable a los castos oídos judíos y castigada por estos, es sobre la que se construye todo el edificio del dogma cristiano.

Un Jesús crucificado por delito de sedición de acuerdo con la legislación romana en la que la blasfemia pronunciada ante el tribunal judío no tuviera ninguna importancia o cuya autenticidad histórica, la de la supuesta blasfemia, fuera incluso cuestionable o en el mejor de los casos desdeñable, obligaría a los cristianos, por el contrario, a admitir que Jesús no fue condenado sino como un activista más o menos afortunado, puede que incluso justo, ecuánime, valiente y sabio, pero no, en modo alguno, el Hijo de Dios que redime al mundo con una muerte, la suya, que es sobre la que descansa toda la fe cristiana.

Así planteada la cuestión, repetimos la pregunta: ¿prevaleció en la condena de Jesús la blasfemia castigada por la *Torah* mosaica, o la sedición castigada por la *Lex romana*? En otras palabras, ¿mataron a Jesús los judíos con la inestimable colaboración de los romanos, o lo mataron los romanos con la colaboración o sin ella de los judíos?

El relato evangélico de los hechos ya lo conoce el lector, pues se ha ido deshilvanando en los epígrafes anteriores correspondientes al juicio judío ante el Sanedrín, y al juicio romano en el pretorio, y también al que hemos llamado juicio frustrado ante Herodes.

De una lectura llana, sin pretensión alguna de leer entre líneas, al lector le queda suficientemente claro que existe una conspiración judía y que son judíos los que inician todo el proceso que finaliza con un hombre clavado en una cruz. Le queda igualmente claro a ese mismo lector, que la condena final, en cambio, es romana, y que la pena, de crucifixión, también. Ahora bien, la participación romana en los eventos en cuestión, ¿es una participación pasiva y Pilato se limita a poner paños calientes sobre una situación que puede desbordarse y que le es totalmente ajena en lo relativo a sus causas y orígenes, como se extrae de esa lectura que hemos llamado «llana» de los evangelios? ¿O, por el contrario, las cosas no son tan simples, y el poder romano, personificado en el procurador o prefecto, es el que toma la iniciativa porque los eventos que se juzgan son de la máxima gravedad y afectan al statu quo que rige en la zona, con un pueblo sojuzgado, el judío, y una potencia ocupante, Roma?

Lo que vamos a hacer en las siguientes líneas es desmenuzar el relato evangélico para intentar sacar conclusiones sobre el grado de veracidad del mismo, tratando de establecer si lo que se extrae de esa que hemos dado en llamar «lectura llana» se corresponde poco o mucho con la realidad, o por el contrario, podemos hallar indicios más o menos importantes de que lo escrito por los evangelistas se corresponde más bien con una versión interesada, la de ellos, que en realidad, tiene escasa correspondencia con lo realmente ocurrido.

A modo de metodología, vamos a partir de la tesis contraria a la que parecen establecer los evangelistas. Así, en lugar de aceptar la versión según la cual Jesús es un blasfemo que las autoridades judías entregan a las autoridades romanas bajo una acusación diferente, la de sedición, para que estas, únicas capacitadas para ello, pronuncien y ejecuten la sentencia de muerte que corresponde al delito por el que es acusado ante las autoridades romanas, partiremos de la que supone que Jesús, durante su peregrinar por tierras palestinas, lo que está haciendo, en realidad, es preparar algún tipo de movimiento político, de tipo sedicioso, y en consecuencia, violento.

Lo cierto, desde este punto de vista, es que una serie de pasajes evangélicos permiten atisbar la posibilidad de que el grupo que lideraba Jesús podría tener algún tipo de implicación en algún movimiento que no fuera estrictamente pasivo o ideológico, sino con una componente de tipo activista. Son esos pasajes los siguientes:

«[Dice Jesús:] No penséis que he venido a traer paz a la tierra. No he venido a traer paz, sino espada. Sí, he venido a enfrentar al hombre con su padre, a la hija con su madre, a la nuera con su suegra; y enemigos de cada cual son los de su casa» (Mt. 10, 34-36).

«Les dijo [Jesús a los apóstoles]: "Pues ahora, el que tenga bolsa que la tome, y lo mismo alforja, y el que no tenga, que venda su manto y se compre una espada. Porque os digo que es necesario que se cumpla en mí esto que está escrito: Ha sido contado entre los malhechores. Porque lo que se refiere a mí toca a su fin". Ellos dijeron: "Señor, aquí hay dos espadas". Él les dijo: "Basta".» (Lc. 22, 36-38)

Pasajes a los que, si bien algunos comentaristas tienden a interpretar de manera literal, la exégesis de la tradición cristiana ha dado una interpretación simbólica o alegórica, basada, entre otras, en estas palabras de Jesús:

«Pues yo os digo: no resistáis al mal; antes bien, al que te abofetee en la mejilla derecha ofrécele también la otra.» (Mt. 5, 39).

«Dícele entonces Jesús [a Pedro]: "Vuelve tu espada a su sitio, porque todos los que empuñen espada, a espada perecerán."» (Mt. 26, 52)

Por existir, incluso existe un episodio concreto en el que vemos a uno de los miembros del grupo de Jesús, no ya especular sobre la posibilidad de utilizar la violencia, sino, directamente, usarla:

«En esto, uno de los que estaban con Jesús echó mano a su espada, la sacó e, hiriendo al siervo del Sumo Sacerdote, le llevó la oreja.» (Mt. 26, 51; similar en Mc. 14, 47; Lc. 22, 49-50; Jn. 18, 10 incluso nos aclara que quien tal hace es nada menos que Pedro).

Otro argumento que sirve a la hipótesis en cuestión es la existencia de unas *Actas de Pilato* en las que el procurador romano daría cuenta al emperador Tiberio de la condena de Jesús, documento que lamentablemente no conocemos, por no haber llegado a nuestros días, pero cuya existencia sí consta por la referencia que a ellas hacen autores cristianos. Estas *Actas de Pilatos* —no confundir con el apócrifo del mismo nombre, que sí es, por el contrario, de tipo laudatorio— no hubieron de ser muy positivas hacia la figura de Jesús, o al menos, hacia la tesis cristiana sobre su condena, cuando amargamente se quejan de ellas los autores que a su contenido se refieren. Así lo hace Tertuliano en su *Apologético,* escrito hacia el año 200, o Eusebio de Cesarea en su *Historia Eclesiástica* donde escribe:

> «Después de inventar —como suena— unas *Memorias de Pilatos* y de Nuestro Salvador, abarrotadas de todo tipo de blasfemias contra Cristo, con la anuencia del soberano [el emperador Maximino Daza (311-314) que cogobierna con Constantino] las distribuyen por todo el país sujeto a su mando [la parte oriental del Imperio], con instrucciones escritas para que en todo lugar, lo mismo en el campo que en las ciudades, se expusieren públicamente a todos, y los maestros de escuela se cuidaran de enseñarlas a los niños en vez de las ciencias.» (HistEc. 9, 5, 1).

Sirve a la hipótesis la teoría del experto en historia judía Ellis Rivkin, quien sostiene que el juicio judío de Jesús que describe Juan —quien como hemos visto más arriba, no habla de juicio ante el Sanedrín, o, mejor dicho, habla de un juicio en el Sanedrín, pero previo a la detención de Jesús y por lo tanto en ausencia del acusado—, se desarrolla ante lo que llama el Consejo privado de Caifás, un órgano que, según este autor, sería de carácter político, que no religioso.

1.1. LA PRESENCIA DE UNA COHORTE ROMANA EN LA GUARDIA QUE DETIENE A JESÚS.

Expuestos los argumentos favorables a la tesis de la que partimos, el pasaje clave a la hora de responder a la cuestión que nos hemos planteado, esto es, el grado de implicación de las autoridades romanas en el juicio y condena de Jesús de Nazaret, es uno que ya hemos tenido ocasión de mencionar más arriba, pero que aún no hemos evaluado exhaustivamente: trátase del cuerpo de guardia que procede al prendimiento de Jesús, de cuya composición nos dicen los evangelistas sinópticos lo siguiente:

«Un grupo numeroso con espadas y palos, de parte de los sumos sacerdotes y los ancianos del pueblo.» (Mt. 26, 47).

«Un grupo con espadas y palos, de parte de los sumos sacerdotes, de los escribas y de los ancianos.» (Mc. 14, 43).

«Dijo Jesús a los sumos sacerdotes, a los jefes de la guardia del Templo y a los ancianos que habían venido contra él [...].» (Lc. 22, 52)

Ejército romano en acción. Sarcófago de Portonaccio (180 d. C.).
Museo Nacional Romano

Relatos en los que la única diferencia radica en que mientras la guardia judía de Marcos es enviada por sumos sacerdotes, ancianos y escribas, la de Mateo y Lucas es enviada por sumos sacerdotes y ancianos, exonerando con ello estos evangelistas de responsabilidad a los escribas. ¿Tiene ello alguna consecuencia verdadera? Probablemente no se trate sino de una omisión por olvido. De tener alguna, considérese a los efectos que mientras cabe suponer, solo suponer, que los estamentos de sumos sacerdotes y de ancianos los proveía el partido de los saduceos, en el de los escribas, con gran probabilidad, el partido predominante sería el de los fariseos: las versiones de Mateo y Lucas no serían, desde este punto de vista, sino una manera de redimir a los fariseos —un partido que, ya hemos tenido ocasión de observar, no mantenía una postura única sobre el «fenómeno Jesús»— de una parte de la responsabilidad que les concernía en la muerte del Nazareno.

De todas maneras y, en cualquier caso, lo verdaderamente importante ahora es que, según los sinópticos, la fuerza de policía que detiene a Jesús es una fuerza estrictamente judía, con toda seguridad poco numerosa, en la que, además, y esto es importante, no se da la menor participación romana, lo que se constituye en un argumento más de que la conspiración contra Jesús es judía y nada más que judía.

Juan, sin embargo, no nos da la misma versión de los hechos, sino que en su relato, como en tantas otras cosas, deja que se deslice una diferencia que, en principio, se presenta como insignificante, pero a la que, como veremos, van a dar algunos autores una importancia inusitada. Dice el cuarto evangelista:

> «Judas, pues, llega allí con la cohorte [romana se entiende, aunque no lo especifica] y los guardias enviados por los sumos sacerdotes y fariseos, con linternas, antorchas y armas [...] Entonces la cohorte, el tribuno [el jefe de la guarnición romana, el cual reside en Jerusalén y rinde cuentas ante el procurador de Cesarea, Pilato en este caso] y los guardias de los judíos prendieron a Jesús, le ataron.» (Jn. 18, 1-12).

Detención	Mateo	Marcos	Lucas	Juan
La realiza una fuerza judía. Enviada por los sumos sacerdotes, ancianos y escribas		Mc. 14, 43		
La realiza una fuerza judía. Enviada por los sumos sacerdotes y los ancianos	Mt. 26, 47		Lc. 22, 52	
La realiza una fuerza mixta romano judía. No se sabe quién la envía				Jn. 18, 12

Pocos pasajes evangélicos han hecho correr más ríos de tinta entre la exégesis moderna que la referencia que hace Juan, y solamente Juan (Jn. 18, 3), a la presencia de una cohorte romana en el grupo de personas que acuden a detener a Jesús. A un nutrido plantel de intérpretes esta referencia ha servido para exonerar a los judíos de toda responsabilidad en los sucesos que culminan con la crucifixión de Jesús de Nazaret; lo que no tiene otra finalidad que afirmar que la condena fue exclusivamente romana; lo que no tiene otra consecuencias que concluir que el delito por el que se ajustició a Jesús no fue, en consecuencia, una blasfemia, sino una auténtica sedición; lo que no tiene otra pretensión que asegurar que Jesús no era un líder religioso, sino un auténtico caudillo militar que lo único que pretendía era sublevar al pueblo judío para que lo proclamara como rey de los judíos. Lo que no tiene, finalmente, otro posible colofón que demostrar que todo el cuerpo literario cristiano es una completa y elaboradísima superchería de una serie de autores, apóstoles, evangelistas, primeros padres, para «sobrevivir» después de la caída del «caudillo». Fíjense Vds. todo lo que pretenden extraer de una simple referencia que le pasa casi inadvertida al lector del Evangelio.

A interpretación tal se abonan autores como Robert Ambelain, autor de *Jesús o el secreto mortal de los templarios,* o José Montserrat, autor de *Jesús, el galileo armado,* o Antonio Piñero, autor de *La verdadera historia de la Pasión,* llegando a la cuadratura del círculo el escritor judío Jaim Cohen, autor de la obra *El juicio de Jesús, el Nazareno,* en la que pretende que lo que los evangelistas presentan como un juicio ante el Sanedrín, no fue, en realidad, sino un intento desesperado de dicha institución por salvar la vida de Jesús. Autores, todos los cuales, que se autoconsideran los modernos herederos intelectuales de la famosa corriente del «Jesús histórico», a la que da inicio el alemán Hermann Samuel Reimarus, autor de la obra *Sobre el propósito de Jesús y el de sus discípulos,* publicada en 1774, una vez muerto ya, en la que expresa esta idea básica que es una verdadera declaración de intenciones:

«Tenemos buenas razones para trazar una distinción absoluta entre la enseñanza de los apóstoles en sus escritos y lo que Jesús mismo había proclamado y había pensado en su propia vida.».

Según Reimarus, lo único que había hecho Jesús era proclamar la proximidad del reino, intentar excitar la rebelión del pueblo judío y postularse como su líder bajo el título de «mesías». El «aparato ético y teológico» del que dicho mensaje se arropará, no sería sino obra y adición de sus discípulos, fabricantes del fraude de la resurrección, los mismos que rompen con el tronco común judío y convierten el mesianismo militar de Jesús en un mesianismo espiritual y filantrópico, para salvar la cara cuando la muerte del líder hace inviable la gran rebelión que realmente se pretendía.

Gracias a ese supuesto «descubrimiento» en el texto de Juan, que para ellos sería solo «un despiste» («el gran despiste», en realidad) del evangelista, el cual, después de presentar a lo largo de todo su texto una completa falacia, se habría «traicionado» a sí mismo contando la única verdad de todo él, la que consiste en que en la guardia que detiene al Nazareno iba «una cohorte romana», estos autores y muchos más —también mucha cinematografía— creen haber conseguido desmontar todo un fraude del que no solo Juan sería partícipe, sino también, como se ha dicho, los otros tres evangelistas, tantos autores de los textos llamados «apócrifos», la Patrística al completo…, autores todos los cuales habrían actuado «al alimón», en una suerte de conspiración planetaria y perfectamente orquestada, a pesar de escribir en lugares y momentos diferentes y no conocerse, que solo ha podido ser desmontada, veinte siglos después, gracias a la sagacidad de autores tan avezados capaces de descubrir en los cuatro textos evangélicos una simple palabra que a todos los demás había pasado inadvertida.

De cara a analizar el asunto, lo primero que es obligado aclarar es qué es una cohorte romana. Un cohorte romana está compuesta de seis centurias, y estas a su vez, de una cantidad similar a un centenar de hombres (de ahí su nombre, centuria). En resumidas cuentas, una cohorte la forman entre quinientos y seiscientos soldados. Así las cosas, salta a la vista que no parece proporcional enviar más de medio millar de hombres a detener a lo que desde el punto de vista romano no parece ser, según nos dicen los sinópticos —pero ojo, también Juan, el mismo que habla de la cohorte romana—, más que un visionario galileo y los pocos discípulos, once para ser exactos —uno de ellos se ha pasado al bando contrario—, que se han podido reunir a su alrededor en una cena que tiene todos los visos de ser de despedida.

La participación de esta importante fuerza romana en la detención de Jesús indicaría, según nuestros comentaristas, que más que ante un maestro humanista y bondadoso, nos hallaríamos ante una grave amenaza para el orden público, un orden público que no es otra cosa que el que establecen los ocupantes romanos. Y entonces surge la pregunta: ¿pero de qué clase de amenaza hablamos?

Aquí las respuestas son muy variadas, desde la de los que se limitan a observar que la amenaza proviene de una acción ya pasada, el ataque al Templo del que nos hablan los cuatro evangelistas (Mt. 21, 12-13; Mc. 11, 15-17; Lc. 19, 45; Jn. 2, 13-17) —bien es verdad que con una importante diferencia, en los sinópticos el ataque ocurre unos días antes de la condena a muerte de Jesús, en Juan dos años antes—, tal la posición, por ejemplo, del teólogo húngaro Geza Vermes (n. 1924); hasta la de los que piensan que la amenaza no está superada en el momento en el que se produce la detención y se mantiene latente, pues Jesús estaría preparando una acción de tipo violento ya sobre el Templo, ya sobre la fortaleza Antonia sede del ejército de ocupación, tal la posición, por ejemplo, del ya citado Robert Ambelain, *Jesús o el secreto mortal de los templarios*. pp. 201-202), o del también mencionado José Montserrat (*Jesús el galileo armado* pp. 137-143). Algo para lo que el Monte de los Olivos, al que Jesús se ha retirado, parece gozar de una privilegiada posición. Tan privilegiada que, efectivamente, se llevará a la práctica pocos años más tarde, hacia mediados de los 50, en tiempos del procurador romano Félix, como señala Josefo:

> «Pero mayor daño causó a todos los judíos un hombre egipcio, falso profeta: porque, viniendo a la provincia de ellos, siendo mago, queríase poner nombre de profeta, y juntó con él casi treinta mil hombres, engañándolos con vanidades, y trayéndolos consigo de la soledad adonde estaban, al monte que se llama de las Olivas, trabajaba por venir de allí a Jerusalén, y echar la guarnición de los romanos, y hacerse señor de todo el pueblo.» (Bell. 2, 12).

El primer problema que plantea esta versión de los hechos es que la afirmación de Juan en el sentido de que la guardia que detiene a Jesús la compone una cohorte romana, no pasa por el tamiz de la prueba del *criterio del testimonio múltiple,* tan del agrado de los historiadores que llamaremos, para entendernos, «del moderno Jesús histórico», todos los citados y más, constituyendo el de Juan un testimonio aislado e incoherente con el relato del resto de sus colegas evangelistas. Establezcamos pues, la primera dificultad de la hipótesis de la que hemos partido: el dato que aporta Juan no es coherente con el Evangelio de sus colegas.

Ahora bien, haciendo tabla rasa de ello y aceptando que solo Juan tiene razón al respecto y no la tiene ninguno de sus colegas evangelistas, quienes a partir de ese dato juanesco sostienen la teoría de Jesús como amenaza para Roma deben ofrecer cumplida explicación, por lo menos, a las siguientes objeciones extraíbles del propio relato de Juan:

1º. El cuarto evangelista hace suya la tesis sinóptica de la conspiración judía cuando en el diálogo que mantiene Jesús con Pilato en su Evangelio, aquél le dice a este:

«El que me ha entregado a ti [los judíos] tiene mayor pecado [que tú].» (Jn. 19, 11).

2º. Nos dice Juan que junto a la cohorte romana que detiene a Jesús en el Monte los Olivos, también van —y en esto el testimonio de Juan si supera el criterio del testimonio múltiple, pues concuerda con el de sus tres colegas sinópticos— «los guardias enviados por los sumos sacerdotes y fariseos, con linternas, antorchas y armas» (Jn. 18, 3, similar a Mt. 26, 47; Mc. 14, 43; algo menos Lc. 22, 52). Y bien, ¿cómo explicar que toda una cohorte romana formada por quinientos de los mejores y más aguerridos soldados del mundo se deja acompañar para tan importante misión de unos guardias armados de palos y antorchas que, para terminar de completar el vodevil, son componentes del pueblo sometido, rebelde en grado sumo, a uno de cuyos miembros es a quien se pretende detener?

3º. Afirma Juan que esa colosal cohorte de quinientos o seiscientos hombres desplazada de noche —para detener, según los historiadores del *Moderno Jesús histórico,* a un importante activista cuyas desconocidas intenciones podrían llegar a incluir un importante atentado contra el Templo o lo que es peor, contra la fortaleza Antonia—, con su tribuno al frente, y después de todo el aparato montado y de lo delicado de la operación, conduce el preso «a casa de Anás, pues era el suegro de Caifás, el sumo sacerdote de aquel año» (Jn. 18, 13) y lo deja allí. ¿Se imagina alguien a ese imponente ejército poniendo la peligrosa pieza cobrada a la que ha ido a detener con las máximas cautelas, a recaudo de un exsumo sacerdote, Anás (cf. Jn. 18, 13), que, aunque cesante, no deja de constituir en algún momento de su vida la máxima autoridad del pueblo sometido, el enemigo, en suma, para que pase ese preso tan peligroso en su custodia lo que resta de noche? Y lo que es aún más llamativo: ¿se imagina alguien a la potencia militar más importante del mundo haciendo cesión de un preso considerado tan peligroso como que es reo de cruz, para que lo juzguen primero sus propios compatriotas, y tranquilamente resignada a esperar su turno, para solo después de que los mismos hayan terminado su sumario, iniciar el trámite de extradición que permita juzgarlo ella de acuerdo con sus leyes?

Establecemos así la segunda dificultad que produce el dato proporcionado por Juan en el sentido de que a Jesús lo detuvo toda una cohorte romana: dicho dato no es coherente con su propio Evangelio.

De acuerdo con lo dicho, es muy probable que la respuesta a las objeciones planteadas en los tres apartados arriba señalados, procedentes los tres del Evangelio de Juan, a saber, aquél en el que Jesús le dice a Pilato que los judíos tienen mayor pecado que los romanos; aquél en el que afirma el evangelista que la cohorte iba acompañada de una guardia judía de tres al cuarto; y aquél en el que informa de que el preso fue a continuación entregado a Anás, no obtengan más respuesta por parte de nuestros exégetas que la de su falta de historicidad, en otras palabras, que no se produjeron realmente, sino que forman parte del aditamento hecho a los textos por sus autores para consumar el gran fraude. En otras palabras, se toma a Juan para, con un testimonio muy personal que en nada coincide con el de sus colegas evangelistas, obtener unas determinadas conclusiones, pero se le abandona cuando el resto de su relato no permite alcanzar dichas conclusiones.

Pues bien, en aras a una cuestión meramente metodológica, aceptemos todavía la no historicidad de los hechos anteriores como respuesta válida, y que, hasta ahora, lo único verdaderamente histórico que hemos conseguido extraer del relato joanesco es que Jesús fue detenido por toda una cohorte que formaban seiscientos soldados. Se trata ahora de enfrentar la versión de los que ponen todo el énfasis de sus conclusiones en este dato, con los inconvenientes que plantea su propia versión.

Desde ese punto de vista ¿qué respuesta pueden dar los exégetas del moderno Jesús histórico a estas dos nuevas cuestiones a las que los hechos por ellos mismos admitidos dan lugar?

1º. Si se acepta que Jesús es detenido por el ataque realizado contra el Templo tres o cuatro días antes de su detención —hipótesis de Geza Vermes— y que apenas está acompañado por una docena de correligionarios, que, por otro lado, son los que van a inventar el relato, ¿no se antoja entonces excesiva la fuerza que se envía para detenerle, nada menos que quinientos o seiscientos hombres? Pero por el contrario, si el ataque se consideró tan grave y peligroso como para enviar medio millar de hombres: ¿por qué entonces se han dejado pasar cuatro días hasta detenerle —¡dos años, si se acepta el relato de Juan, donde el ataque al Templo se produce en la primera pascua de los tres que dura el ministerio de Jesús!— y no se hizo, como se debería, en el mismo momento en el que lo realizaba, siendo así que la fortaleza Antonia en la que residen esos quinientos o seiscientos hombres es contigua al Templo y enviar la cohorte entonces no habría costado ni cinco minutos?

Si, por el contrario, siguiendo ahora la tesis de Ambelain y de Montserrat, se acepta que a Jesús se lo detiene en prevención del ataque que planeaba contra el Templo o contra la fortaleza Antonia, ataque a realizar desde el Monte de los Olivos, ¿se puede considerar plausible planear un ataque al Templo, el que planea Jesús, y menos aún a la fortaleza Antonia, con una fuerza a la que solo quinientos hombres, la cohorte de la que habla Juan, puedan hacer frente? De hecho, cuando un par de décadas más adelante dicho ataque se lleve efectivamente a la práctica, ¿no nos dice Flavio Josefo (cf. supra) que el ejército en cuestión está formado de nada menos que de treinta mil hombres y aun así fue derrotado? En consecuencia, ¿no deberían los romanos, de ser tal el caso, haber enviado más de una cohorte a detener a Jesús, siendo así que nada menos que el procurador de toda la provincia se halla en la ciudad? Lo que por otro lado nos plantea una nueva cuestión: dicha presencia del procurador (Poncio Pilato) en Jerusalén, con el formidable ejército que sin duda le acompaña, ¿no habría aconsejado a los sediciosos esperar a mejor momento, aquél en el que el procurador la abandonase, para realizar el ambicioso ataque que libere la capital espiritual de la nación israelí?

2º. Afirma Juan que una vez que la cohorte romana detiene a Jesús, se produce entre este y sus miembros el siguiente diálogo:

> «Les preguntó de nuevo [Jesús a los que vienen a detenerle]: "¿A quién buscáis?" Le contestaron: "A Jesús el Nazareno". Respondió Jesús: "Ya os he dicho que yo soy; así que, si me buscáis a mí, dejad marchar a éstos". » (Jn. 18, 7-8).

Se refiere Jesús a los apóstoles, sus lugartenientes, once de los cuales le acompañan en tan amargo trance, algo en lo que una vez más, el testimonio de Juan supera el criterio del testimonio múltiple, pues tal o parecido es lo que sostienen sus tres colegas sinópticos (Mt. 26, 36; Mc. 14, 32; Lc. 22, 39).

Por otro lado, no forma parte de lo discutido, ni aún por los más ardientes defensores de que Jesús fue detenido por un ataque grave al orden público romano, que ninguno de los once lugartenientes de Jesús que le acompañaban fueran condenados con él al suplicio de la cruz. Al fin y al cabo, son los que según el moderno Jesús histórico, son los que luego se inventarán todo el relato *fake* del supuesto Jesús Hijo de Dios para producir una revolución ética entre el género humano.

Y bien, ¿se imagina alguien a ese magnífico ejército que tras una operación brillante, y como se ha dicho, arriesgadísima, consigue prender al grupo terrorista al completo, y después de ello entra en una plácida negociación con el jefe máximo del mismo, reo de cruz, como se ha dicho, el cual, sin nada que ofrecer a cambio porque está totalmente perdido y derrotado, solicita amablemente que sean liberados todos los componentes de la célula terrorista que lidera, y que el jefe del cuerpo de policía más temido del mundo, acceda a tan exquisita y razonable petición?

Este último argumento, la «no» detención de los apóstoles junto con su líder espiritual, se nos antoja crucial, y nos permite afirmar con rotundidad que la versión evangélica tradicionalmente refrendada por la tradición cristiana resulta ser finalmente muy coherente, o al menos, mucho más que la sostenida por nuestros los exégetas del *Moderno Jesús Histórico.*

Y es que si el delito de sedición por el que Jesús es condenado no hubiera sido el resultado de la conspiración pergeñada contra él por sus compatriotas judíos, los cuales prácticamente exigen a Pilato ese desenlace propio del proceso romano, la crucifixión, y se hubiera tratado de una verdadera sedición que ponía en peligro la seguridad de las tropas ocupantes, a nadie se le pasa por la cabeza que el cruel y expeditivo procurador Pilato, se hubiera conformado con atrapar a Jesús y dejar libres —¡ojo! después de tenerlos rodeados y sin ni siquiera arrestarles cautelarmente, ¡sin ni siquiera molestarles!—, al resto de sus lugartenientes, que son los apóstoles.

¿Cómo explicar simplemente la escena de un tribuno, el que dirige la operación, rindiendo cuentas ante su superior, el cruel y expeditivo Pilato, y diciéndole que después de movilizar toda la cohorte y de desempeñar la operación de manera impecable, a la amable solicitud del jefe del movimiento, el peligrosísimo Jesús de Nazaret, ha dejado en libertad a sus once lugartenientes?

A estos efectos, permítasenos señalar a modo anecdótico que Juan, una vez más en solitario, esto es, sin que ninguno de sus colegas evangelistas corrobore su versión, afirma su presencia, la de él mismo, uno de esos doce lugartenientes, incluso al pie de la cruz de

Jesús, se supone que una vez más, rodeado de soldados romanos, la cohorte famosa. Y que los evangelistas, ahora sí, los cuatro sin excepción y superando así los más estrictos estándares del criterio *del testimonio múltiple,* afirman la de alguien tan significado como Pedro hasta un momento avanzado del proceso. Una presencia, esta de Pedro, que, por cierto, supera también, y con nota, otro de los más importantes criterios de historicidad aplicados por los exégetas del moderno Jesús histórico, el llamado «criterio de dificultad», la *lectio difficilior* como fustán de llamarlo pomposamente, aquél por el que todos aquellos eventos que no sirvan al propósito laudatorio de los autores evangélicos y puedan contradecir sus intenciones, han de ser considerados históricos. Pues bien, lo que se afirma sobre Pedro con motivo de su presencia en el juicio de Jesús, esto es, que negó a su jefe hasta en tres ocasiones, no puede servir, en modo alguno, a la intención laudatoria del evangelista respecto a la persona del sucesor de Jesús en la jefatura de la comunidad, y menos aún es un argumento que este pudiera utilizar entre los motivos que avalen la sucesión a esa jefatura. Por lo que debe considerarse rigurosamente histórico.

Lo que algunos de los exégetas del Jesús histórico presentan como el descubrimiento de sus investigaciones y prueba del nueve de su tesis del Jesús juzgado por sedicioso, así Robert Ambelain (*Jesús o el secreto mortal de los templarios,* p. 209), así, Antonio Piñero (*La verdadera historia de la Pasión,* p. 216), es la crucifixión junto a él de otros dos reos.

A José Montserrat, en su obra *Jesús, el galileo armado,* pertenece esta cita:

> «Los cuatro evangelios primordiales informan de que Jesús fue crucificado con otros dos reos. [...] No tenemos motivo para dudar de la historicidad básica de este dato. Algunos autores sugieren que podría tratarse de miembros de la banda de Barrabás, cosa que sería posible si realmente hubiera existido tal banda.
> El término "lestés" [que usan Marcos y Mateo] significa propiamente bandido, pero Flavio Josefo lo usa constantemente para designar, además, a los insurgentes, igualando capciosamente ambos tipos, seguramente para exhibir ante sus protectores romanos su rechazo del

nacionalismo rebelde. Para Lucas, está claro que se trata de delincuentes comunes. ¿Quiénes eran, pues: delincuentes o sediciosos?

La respuesta no nos la dará la filología, sino el derecho romano. Bajo ningún supuesto los tribunales romanos condenaban a los delincuentes comunes a la pena capital por *mors aggravata* (cruz, fieras, hoguera). Las penas por esta clase de delitos podían ser la flagelación, el destierro, las minas y las galeras, acompañadas siempre de la insoslayable confiscación de bienes. Ya he examinado anteriormente cual podía haber sido el delito de Jesús y llegué a la conclusión de que no cabía más que el de *laesa maiestas,* es decir, la sedición. Lo mismo hay que decir de los dos crucificados con Jesús: eran sediciosos. Ahora bien, ya he observado que no había en Judea tantas revueltas como para que coincidieran dos de ellas en el mismo día. Es casi seguro, pues, que aquellos dos pertenecían al mismo grupo armado de Jesús» (op. Cit. pp. 142-143).

Pues bien, el hecho de que los dos ladrones que crucifican junto con Jesús pudieran formar parte de la conspiración en la que Jesús está implicado, supone en realidad, todo lo contrario, esto es, una nueva dificultad para aceptar la tesis de la condena por sedicioso de Jesús: y es que difícilmente se puede aceptar que rodeados como estaban todos, absolutamente todos los implicados en la supuesta conspiración, por la cohorte romana, decida este detener, junto al jefe supremo Jesús, a dos activistas de pacotilla, sin importancia ninguna —los evangelistas, unánimes en referirse a la crucifixión de Jesús junto a la de dos ladrones, ni siquiera se molestan en darnos sus nombres—, y decida, en cambio, dejar libres a los grandes lugartenientes de la conspiración, entre ellos nada menos que un Pedro que, por si todo lo dicho hasta aquí fuera poco, cuando se produce la detención de Jesús «llevaba una espada, la sacó e hirió al siervo del sumo sacerdote, y le cortó la oreja derecha.» (Jn. 18, 10).

Escena, por cierto, de cuya historicidad no dudan ni los más radicales del moderno Jesús histórico, y que nos plantea una nueva dificultad, no por nimia, menos llamativa, a saber: cómo en presencia de seiscientos soldados romanos, va Pedro justo a atinar con la oreja de uno de los siervos del sumo sacerdote, que serían apenas tres o cuatro, y a los que, a poco que los soldados romanos de los que hablamos se preciaran, no dejarían entrar en acción por delante de ellos. Pues bien, ¡ni por esas es arrestado, ni aun cautelarmente, el aguerrido y temperamental lugarteniente del peligrosísimo sedicioso Jesús de Nazaret! El cual, por si todo ello fuera poco, hasta se permite acompañar a su jefe durante la parte inicial de su calvario, lo que acaba provocando que le tenga que negar hasta tres veces, hecho cuya historicidad no ponen en duda los más estrictos intérpretes del moderno Jesús histórico.

Si por todo lo expuesto no tenemos más remedio que rechazar la tesis de la condena por sedición de los exégetas del moderno Jesús histórico, analicemos ahora como casa la misma dificultad que hemos expuesto, la de la «no» detención de los apóstoles, con la versión acorde con la evangélica mantenida por la tradición cristiana.

Pues bien, en esta versión, siendo como es una blasfemia tan concreta como aquélla sobre la que Caifás proclama rasgándose las vestiduras —«¡Ha blasfemado! ¿Qué necesidad tenemos ya de testigos? Acabáis de oír la blasfemia» (Mt. 26, 65)—, la que predetermina la condena a muerte del maestro galileo, y aun cuando todavía se estuviera a expensas de conseguir que dicha condena fuera respaldada por Pilato para ser firme y ejecutable, los instigadores de ese proceso sabían muy bien que con eliminar al supuesto Hijo de Dios era más que suficiente para descabezar el movimiento, y no existía ninguna necesidad de perseguir a unos pobres desgraciados, sus discípulos, contra los que, por un lado, no existía mayor animosidad, y por otro, después de todo, no eran sino las principales víctimas del blasfemo, y también, en principio, los mejores aliados de los jueces de Jesús, al estar llamados a ser los primeros en proclamar a los cuatro vientos la estafa de la que habían sido objeto. Todo ello en perfecta coherencia con el «Vosotros no sabéis nada, ni caéis en la cuenta que os conviene que muera uno solo por el pueblo y no perezca toda la nación» (Jn. 11, 49-50), solemnemente pronunciado por el sumo sacerdote Caifás pocos días antes de consumar la acción de la que es el instigador.

Nuestra conclusión es que la respuesta a tantas interrogantes como la tesis de Ambelain, Montserrat, Piñero o Cohen produce, obliga a seguir forzando el relato juanesco hasta límites de lo insospechado, y que al final, lo más sencillo es aceptar que lo único que Juan dice poco coherente con la verdad histórica es que de la fuerza que fue a detener a Jesús formaba parte toda una cohorte romana. Indiscutiblemente, la conciliación del relato de Juan con el de sus colegas sinópticos y con el suyo propio, se ha de buscar por otra vía.

Después de todo, más aún si previamente se han leído los evangelios sinópticos, pero sin estricta necesidad de haberlo hecho, la impresión que queda al lector del Evangelio de Juan en lo referente al episodio del prendimiento de Jesús, es que la guardia que le arresta es una guardia heterogénea y casi pintoresca, no excesivamente numerosa, formada de unos pocos soldados bien armados, romanos eso sí, a los que se llama, en un exceso literario, «cohorte» —y ello, aun cuando ninguno de sus colegas evangelistas se refieran a tal presencia en la guardia que prende a Jesús—, y de unos policías de oportunidad, armados de porras y de antorchas, judíos estos, los cuales podrían haber reclamado la presencia de aquéllos para proceder con mayor eficacia y coadyuvar al resultado que pretendían obtener, la condena que solo Pilato puede emitir, por tener los judíos cercenado el *Ius Gladii*.

Más bien da la impresión de que a lo que Juan se quiere referir cuando habla de «la cohorte» es, o a una parte de dicha cohorte —no es tan extraño, se trataría de lo que literariamente hablando se da en llamar «sinécdoque», a saber, tomar la parte por el todo—, o lo que incluso se nos antoja más probable, a una especie de cuerpo de policía, romano por supuesto, al cual llama así ora porque de modo tal, «la cohorte», se la llamara en el Jerusalén que él conoció, ora por error derivado de la mera ignorancia de la terminología militar romana.

No está de más que incorporemos aquí, a modo de colofón, lo que dice otro autor de los considerados «racionalistas», entre los más importantes de la corriente, el francés Ernest Renan (n.1823-m.1892), que por lo que hace al punto que aquí se debate, la participación romana en la condena de Jesús, en otras palabras, si Jesús fue ejecutado por blasfemo o por sedicioso, en su obra *Los orígenes del cristianismo,* se expresa de la siguiente manera, como va a tener ocasión de constatar el lector, bastante diferente a aquella en que lo hacen estos que hemos dado en llamar del moderno Jesús histórico:

> «Aunque el verdadero motivo de la muerte de Jesús fue completamente religioso [blasfemia], sus enemigos habían conseguido presentarle en el pretorio como culpable de crimen de estado [sedición]. De otro modo, esto es, por crimen de heterodoxia, no hubieran obtenido del escéptico Pilato la sanción de la condena.» (op. Cit. p. 271)

2. La persecución de cristianos después de la crucifixión de Jesús

La persecución judía de los cristianos no se ciñó al episodio de Jesús, sino que luego continuó, y en este caso, sin participación romana de ningún tipo, lo que contribuye a demostrar que, desde el punto de vista judío, los cristianos «siguieron blasfemando», una vez que Jesús les había abandonado ya.

Los episodios de la persecución judía de los cristianos se hallan esparcidos en los libros canónicos por doquiera que se abran. Es el caso del juicio que realiza a Pedro y a Juan el Sanedrín una vez más (cf. Hch. 4, 1-22). Es también el caso de la detención del colegio de apóstoles en bloque (cf. Hch. 5, 17-41), donde solo la encendida defensa del fariseo Gamaliel (cf. Hch. 5, 34-39), personaje bien conocido de la historiografía judía, salva a los apóstoles de peor suerte, que al fin y a la postre, todo quedará en la famosa pena judía de los cuarenta azotes (cf. Hch. 5, 40) que marca el *Deuteronomio* (cf. Dt. 25, 2-3) para cada uno de ellos y poco más. Es el caso importantísimo del protomártir Esteban, primera víctima mortal de la persecución judía de los cristianos (cf. Hch. 6, 8-7, 60). Es el caso, asimismo, de la decapitación de Santiago por orden de Herodes Agripa (cf. Hch. 12, 2). Como lo es, también, el de la nueva prisión de Pedro, esta vez ordenada por Agripa (cf. Hch. 12, 3-11). O el de la detención de

Saulo, en tiempos ya de Herodes Agripa II, con el juicio una vez más ante el Sanedrín (cf. Hch. 22, 22-23, 22), donde por cierto, el tribuno romano de nombre Claudio Lisias, actúa de manera similar a como lo hiciera en su momento Poncio Pilato con Jesús, solo que con mucha mayor eficacia, pues en lugar de dejarse liar por los representantes del Sanedrín, quita a Pablo de la escena, mandándolo a Cesarea Marítima y poniendo el caso bajo la jurisdicción del procurador Félix (el que ocupa el mismo cargo que en su día ocupara Poncio Pilato).

La persecución de cristianos. Jean Leon Gerôme

Y eso, sin entrar en otra bibliografía cristiana más allá de la canónica, porque solo en la *Historia Eclesiástica* de Eusebio de Cesarea, se relata también el importantísimo martirio de Santiago (cf. HistEc. 2, 23, 10-18), «el hermano del Señor» según lo llama Pablo (cf. Gl. 1, 19), jefe de la comunidad cristiana de Jerusalén, acontecido en el año 62. Despeñado desde el Templo y rematado a pedradas en el suelo, antes pues de producirse la destrucción del Templo por las tropas romanas de Tito que dará lugar a la gran diáspora judía. Una ejecución que, a mayor abundamiento, no nos relata solo una fuente cristiana como Eusebio, sino también otra estrictamente judía como Flavio Josefo, en un texto (Ant. 20, 9, 1) que ya hemos tenido ocasión de conocer más arriba y nos ha servido para obtener tantas conclusiones de cara a conocer cómo se las arreglaban los judíos para realizar sus ejecuciones más urgentes a pesar de estar desprovistos del Ius Gladii, el derecho a aplicar la pena de muerte (ver página XXX).

3. Lo que dicen los textos no cristianos

La cuestión de la participación romana en la ejecución de Jesús y su relación con la participación judía, aunque no bajo ese título concreto sino de manera casi diríamos inconsciente, se planteó también en ámbitos que no son propiamente cristianos.

El primer testimonio no cristiano que disponemos al respecto, nos lo presenta Tácito (n.h.55-m.h.120), autor de los *Anales*, obra en la que se encuentra esta importante cita que constituye uno de los más importantes testimonios no cristianos sobre la figura de Jesús, nos dice al respecto lo siguiente:

> «Fue condenado a muerte durante el reinado de Tiberio por el procurador Poncio Pilato».

Referencia a nuestro entender excesivamente aséptica y escasa como para que podamos extraer de ella alguna conclusión válida, pero que, como quiera que sea, es la única de las procedentes de las fuentes no cristianas sobre Jesús a la que los partidarios de que la condena y ejecución de Jesús fue una cuestión exclusivamente romana pueden acogerse.

Por su parte, la versión evangélica de los hechos, esto es, la consistente en que en la muerte de Jesús la espada es romana, pero el impulso y la voluntad son judíos, es la asumida en cambio por un historiador a cuya obra hemos tenido ocasión de referirnos y nos seguiremos refiriendo con frecuencia en este libro, un historiador cuyo testimonio reviste en esta ocasión especial interés en su condición de no cristiano, sino más bien al contrario, judío: nos referimos una vez más a Flavio Josefo, quien al respecto escribe:

> «Y aunque Pilato lo condenó a morir en la cruz [a Jesús] por denuncia presentada por las autoridades de nuestro pueblo [...]» (Ant. 18, 3, 3).

El anterior es parte del que se da en llamar *Testimonio flaviano* sobre Jesús, recogido en su obra *Antigüedades*, escrita sobre el año 95-100 d. C., lo que quiere decir que tiene una antigüedad similar a la del propio Evangelio de Juan. Un testimonio cuya autenticidad, si bien es cuestionada por algunos comentaristas, sobre todo en algunos aspectos apologéticos contenidos en su poco más de centenar de palabras, en lo que se refiere a estas palabras en concreto es generalmente aceptado como real (y no interpolado en los manuscritos) que han llegado a nuestros días por los copistas posteriores que lo transcribieron, de filiación muchos de ellos o casi todos, cristiana.

Pero no solo Flavio Josefo se acoge a la teoría que hemos dado en llamar del impulso judío. El propio Talmud, recopilación de la ley oral de los judíos, obra que se puede decir está terminada para el s. VI, documento escrito y transcrito por judíos que por lo que se refiere a la sensación que de los hechos tienen éstos, habrá que aceptar en consecuencia como incontestable, la tesis de la participación judía en la muerte de Jesús aparece tan clara que ni siquiera se registra la participación romana en el proceso, mostrándose, en consecuencia, por lo que se refiere a la participación judía en dicho juicio, incluso más rotundo que los propios textos cristianos.

Dícese en el tratado relativo al Sanedrín componente del colosal texto talmúdico:

> «Respecto a todos aquéllos que son dignos de la pena de muerte de acuerdo con la Ley no se utiliza el encubrimiento y el engaño, salvo en el caso del seductor [es decir, el que enseña una religión falsa] ¿Como se actúa con este? Se disponen a dos discípulos de los sabios en una

cámara interior y se sienta [al acusado] en una habitación exterior, contigua, y se enciende una lámpara sobre él de modo que [los testigos] lo vean y oigan su voz. Eso hicieron con Ben Stada [uno de los tres personajes talmúdicos que la exégesis generalmente identifica con Jesús, junto a Jesús Ben Pandera, y también Balaán, aunque este nos parece menos probable] en Lida [no en Jerusalén, como se extrae de los evangelios]; escondieron por su causa dos discípulos de los sabios, lo llevaron ante el tribunal, lo lapidaron [ojo a la condena, que no es de cruz sino de lapidación] y lo colgaron en la víspera de la Pascua [una vez más acorde con lo que dicta la Ley mosaica]" (b. Sanh. 67a; j. Sanh 25cd; similar a Tosefta Sanh. 10, 11).

Lo más llamativo de este pasaje, es la pena que, según él, se impone a Jesús, plenamente acorde con lo que marca la Ley mosaica. Y es que el *Deuteronomio* establece para el caso del embaucador o del blasfemo:

«Si surge en medio de ti un profeta [...] y te dice: "vamos en pos de otros dioses que tú no conoces a servirle" [...] este profeta deberá morir» (Dt. 13, 2-6).

El modo de ejecución está claramente determinado en el mismo libro:

«Lo apedrearás hasta que muera, porque ha tratado de apartarte de Yahvé tu Dios» (Dt. 13, 11).

Establece, por último, el mismo libro para los que sufran condena a muerte lo siguiente:

«Si un hombre, reo de delito capital, ha sido ejecutado, lo colgarás de un árbol» (Dt. 21, 22).

Lo que no deja de ser sino una crucifixión «a la judía», la cual presenta una diferencia importantísima respecto de la que practican otras culturas, y entre ellas, notablemente, la romana: no se cuelga a seres vivos, solo a cadáveres. Es en derecho mosaico la del colgamiento, una pena accesoria que añade a la principal el escarnio, pero no sufrimiento corporal alguno.

Talmud de Babilonia, edición de Solomon ben Samson, Francia, 1342.
Museo Beth Hatefutsoth, Tel Aviv.

Sobre la fecha a la que este pasaje talmúdico puede pertenecer, en opinión de Antonio Piñero, expresada en su artículo *Jesús en el Talmud,* sería bastante temprano, ni siquiera un siglo más tarde de la muerte de Jesús:

> «Suponen así [los eruditos] que se redactaron en época de Adriano, en tiempos de Rabbí Aquiba».

Un Adriano que reina entre los años 117 y 138 d. C., lo que sitúa el versículo, para que nos demos cuenta de su cercanía con los hechos, apenas unos años después de escrito el cuarto Evangelio, el de Juan.

No es, no obstante, el ya citado, el único pasaje que dedica el Talmud a la ejecución de Jesús. En el mismo *Tratado del Sanedrín,* se recoge otro que, aunque sin atribuir responsabilidad alguna a los romanos en la ejecución del maestro de Nazaret, y en consecuencia sin redimir de responsabilidad en los hechos a las autoridades judías y al pueblo judío en general, realiza un relato más parecido que el anterior al de los evangelios:

«Es tradición: En la víspera de la Pascua fue colgado Jesús. Y el heraldo fue por doquier durante cuarenta días diciendo: "Jesús de Nazaret va a ser apedreado [ojo a la pena, lapidación judía, no crucifixión romana], porque ha practicado la magia y ha engañado y extraviado a Israel [ha blasfemado]. Si alguien sabe algo en su favor, que salga y declare sobre él». Pero no encontraron nada en su favor. Y lo colgaron [hay que entender que una vez lapidado, muerto pues de acuerdo con Dt. 21, 22] en la víspera de la Pascua. Ulla dice: ¿Habría que suponer que Jesús, el Nazareno, un revolucionario, tenía algo a su favor? Era un engañador...» (b. Sanh. 43a).

Del Rabbí Ulla del que aquí se habla, sabemos que predica a finales del siglo III, por lo que se le ha de conceder también una cierta cercanía a los hechos que comenta, aunque menor que la del pasaje anterior y que el *Testimonio Flaviano*.

Tampoco faltan en el Talmud los testimonios sobre la persecución por los judíos de los primeros discípulos cristianos, una vez más sin participación de ninguna clase por parte de los romanos, de lo cual es buena prueba el famoso pasaje del Talmud, que podría datar como el primero al que nos hemos referido del reinado de Adriano igualmente, el cual se refiere a los discípulos de Jesús (cinco según su versión) y de lo que constituye el final de cada uno de ellos:

«Está escrito: Yeshu [Jesús] tenía cinco discípulos: Matai, Nekai, Netzer, Buni y Todah.

Trajeron a Matai ante los jueces. Él les dijo: "¿Será muerto Matai? Está escrito: "¿Cuándo podré ir a ver la faz de Dios?" [Sl. 42, 3].

Ellos le dijeron: Sí, Matai será muerto pues está escrito: "Cuando se morirá se perderá su nombre" [Sl. 41, 6].

Trajeron a Nekai: Él les dijo: "¿Será muerto Nekai? Está escrito: "No quites la vida al noble y justo" [Ex. 23, 7].

Ellos le dijeron: "Sí, Nekai será muerto pues está escrito: "En los recodos mata al inocente" [Sl. 10, 8].

Trajeron a Netzer: Él les dijo: "¿Será muerto Netzer? Está escrito: "Saldrá un vástago del tronco [de Jesé]" [Is. 11, 1].

Ellos le dijeron: "Sí, Netzer será muerto pues está escrito: "Tú has sido arrojado fuera de tu sepulcro como un brote abominable" [Is. 14, 19].

Trajeron a Buni: Él les dijo: "¿Será muerto Buni? Está escrito: Israel es mi hijo, mi primogénito" [Ex. 4, 22].

Ellos le dijeron: "Sí, Buni será muerto, pues está escrito: "Mira que yo voy a matar a tu hijo, a tu primogénito" [Ex. 4, 23].

Trajeron a Todah: Él les dijo: "¿Será muerto Todah? Está escrito: "Salmo para la acción de gracias" [Sl. 100, 1].

Ellos le dijeron: "Sí, Todah será muerto pues está escrito: "El que ofrece sacrificios de acción de gracias me da gloria [Sl. 50, 23]."» (b. San. 43 a).

Se puede intentar establecer algunas relaciones entre los discípulos de Jesús que nos son conocidos por las fuentes cristianas y los que aparecen mencionados en este pasaje. Relativamente fácil se presenta establecer una similitud fonética significativa entre el Matai talmúdico y el Mateo evangélico, e incluso entre el Todah talmúdico y el Tadeo evangélico. Más difícil, sin embargo, se presenta asociar alguna identidad evangélica para los otros tres personajes que menciona aquí el Talmud, aunque, de hecho, se ha pretendido que el Nekai talmúdico podría corresponderse con el Lucas evangélico; el Netzer talmúdico con el Andrés evangélico; y el Buni talmúdico con el Juan evangélico. Aun aceptando que ello fuera así, lo que es mucho aceptar, se ha de reconocer que la enumeración es caprichosa y poco coherente con lo que por otras fuentes conocemos, presentando, de hacerlo así, juntos, a discípulos de la primera generación, Mateo, Tadeo, Andrés y Juan, con un criterio que excluye a otros de igual o mayor importancia (Pedro, por ejemplo), junto con discípulos de la segunda, Lucas.

En cuanto a la escena, vale decir aquí lo mismo que dijimos sobre los pasajes relativos a la ejecución de Jesús: podrá corresponderse más o menos con la verdad histórica, pero lo verdaderamente importante del testimonio no es tanto dicha historicidad cuanto lo que representa de expresión del sentimiento que los judíos tienen en lo concerniente a su relación con lo que perciben como la herejía cristiana. Los apóstoles han dejado de ser las víctimas de aquel blasfemo a los que no valía la pena ni tan siquiera perseguir porque, después de todo, estaban llamados a ser los más resentidos con el gran seductor que les había estafado y los primeros en proclamar la estafa a los cuatro vientos, para pasar a ser ahora tan blasfemos como lo fuera en su momento su maestro. ¿Qué ha pasado en este intervalo de tiempo? Algo muy importante ha debido ser para que los que ayer se escondían y se avergonzaban de su maestro —«Todos vosotros vais a escandalizaros de mí esta noche, porque está escrito: "Heriré al pastor y se dispersarán las ovejas del rebaño"» (Mt. 26, 31)— sean hoy sus más entusiastas heraldos: lo que al respecto relatan los evangelios ya sabemos lo que es; esa resurrección de Jesús en la que no vamos a entrar pues no toca a este ensayo hacerlo.

Por último, en este mismo epígrafe, no nos privaremos de acudir al testimonio de uno de los principales autores del Jesús histórico, el francés Ernest Renan (n.1823-m.1892), que por lo que hace al punto que aquí se debate, la participación romana en la condena de Jesús, en otras palabras, si Jesús fue ejecutado por blasfemo o por sedicioso, en su obra *Los orígenes del cristianismo,* se expresa de la siguiente manera, bastante diferente a aquella en que lo hacen estos que hemos dado en llamar del moderno Jesús histórico:

> «Aunque el verdadero motivo de la muerte de Jesús fue completamente religioso, sus enemigos habían conseguido presentarle en el pretorio como culpable de crimen de estado. De otro modo, esto es, por crimen de heterodoxia, no hubieran obtenido del escéptico Pilato la sanción de la condena» (op. Cit. p. 271)

4. Conclusión

Como resumen y colofón de todo lo dicho, a partir del relato evangélico y del minucioso examen al que lo hemos sometido, es perfectamente plausible aceptar que Jesús, efectivamente, fue condenado como sedicioso, de ahí la condena a la cruz, y que como tal sedicioso murió en la cruz. Ahora bien, si se nos permite un juego de palabras con el concepto «sedición», la sedición que el poder romano consiguió abortar colgando de la cruz al Nazareno, no fue tanto la que él había predicado con su vida, como la que evitó con su muerte; en otras palabras, la que habría protagonizado el levantisco pueblo judío instigado por sus autoridades, si aquel día cercano a la Pascua el procurador Pilato no envía a la cruz al desgraciado galileo blasfemo que los inquietos ciudadanos, sobre los que gobierna, le presentan como líder de una revuelta que no es otra que la que se producirá si él no muere en una cruz.

Lo cual, por otro lado, nos muestra el verdadero rostro de Pilato al que con tanta profusión como elocuencia se refieren los historiadores judíos Flavio Josefo y Filón de Alejandría (y también el cristiano Lucas, cf. Lc. 13, 1): Pilato finalmente, no es el hombre ecuánime y justo que intenta salvar la vida de Jesús y que conquista el ánimo del lector superficial del Evangelio, al que casi le entran ganas de jalearle en su dura lucha por derrotar a los pérfidos judíos que quieren matar a un inocente galileo. Pilato es, por el contrario, el más cruel de todos los personajes evangélicos, el político sin escrúpulos capaz de ejecutar de la manera más atroz imaginable a una persona a la que cree —a la que sabe, diríamos mejor— justa con tal de preservar el orden público que constituye el objetivo primordial de su gobierno, algo en lo que probablemente, no se diferencia mucho de otros personajes históricos que, a la postre, han actuado y seguirán actuando de manera similar, e incluso peor a como él lo hiciera en aquella revuelta pascual que tuvo lugar en Jerusalén un buen año del primer tercio del s. I.

4. LA BLASFEMIA QUE LLEVA A JESÚS A LA CRUZ

Y bien, establecido que Jesús acaba colgado en una cruz a causa de una blasfemia intolerable a los oídos judíos y la perfecta coherencia del relato evangélico del tema, corresponde analizar ahora todo lo relativo a dicha blasfemia. Y lo primero que se ha de decir es que de todo lo que Jesús afirma de sí mismo solo sería tal aquélla que se refiriera a su condición como Hijo de Dios, no, en modo alguno, ninguna otra que se refiera a él como «Mesías», como «Hijo de David», ni aun como «Hijo del Hombre», un título extraño que se relaciona con el mesiazgo, pero que en modo alguno implica blasfemia. Por lo que no estará de más que hagamos, antes de proseguir, una incursión en estas denominaciones.

1. Jesús, el Mesías

A pesar de que los fariseos profesan encendidamente la creencia en el advenimiento de un mesías salvador en algún momento de la historia, posiblemente incluso próximo, muchos de los contemporáneos de Jesús en modo alguno aceptan la eventualidad de que ese mesías sea precisamente Jesús.

Jesús intenta convencerles de ello:

> «Estando reunidos los fariseos, les propuso Jesús esta cuestión: "¿Qué pensáis acerca del Cristo? ¿De quién es hijo?" Dícenle: "De David". Díceles: "Pues ¿cómo David, movido por el Espíritu, le llama Señor, cuando dice: 'Dijo el Señor a mi Señor: Siéntate a mi diestra hasta que ponga a tus enemigos debajo de tus pies'".
>
> "Si, pues, David le llama Señor, ¿cómo puede ser hijo suyo?" Nadie era capaz de contestarle nada; y desde ese día ninguno se atrevió ya a hacerle más preguntas» (Mt. 22, 41-46)

Pero lo cierto es que, aunque consiga persuadir de condición tal a muchos otros judíos, nunca logra que le acepten como tal los fariseos:

> «Y muchos entre la gente creyeron en él y decían: "Cuando venga el Cristo, ¿hará más signos que los que ha hecho éste?". Se enteraron los fariseos que la gente hacía estos comentarios acerca de él y enviaron guardias para detenerle [...].

Los guardias volvieron a los sumos sacerdotes y los fariseos. Éstos les dijeron: "¿Por qué no le habéis traído?" Respondieron los guardias: "Jamás un hombre ha hablado como habla ese hombre". Los fariseos les respondieron: "¿Vosotros también os habéis dejado embaucar? ¿Acaso ha creído en él algún magistrado o algún fariseo? Pero esa gente que no conoce la Ley son unos malditos"». (Jn. 7, 31-49).

2. Jesús, el Hijo de David

Del pasaje arriba citado se extrae con facilidad la importancia que en la época de Jesús se daba a la procedencia davídica del mesías. Una cuestión que, vamos a tener ocasión de ver, cada uno de los cuatro evangelistas trata de manera muy diferente, por lo que de cara a su análisis la vamos a separar en cuatro epígrafes, uno por cada evangelio.

2.1. JESÚS, EL HIJO DE DAVID EN EL EVANGELIO DE MATEO

Todo estudio del tema de la condición davídica de Jesús ha de empezar necesariamente por el Evangelio de Mateo, el evangelista que más énfasis pone sobre la cuestión. Algo de lo que es buena prueba la manera en la que abre su Evangelio, que no es otra que ésta:

«Libro del origen de Jesucristo, hijo de David, hijo de Abrahán» (Mt. 1, 1).

Seguido de todo el árbol genealógico de Jesús hasta llegar a donde dice:

«Obed engendró a Jesé, Jesé engendró al rey David» (Mt. 1, 5-6).

Y concluir:

«Así que el total de las generaciones son: desde Abrahán hasta David, catorce generaciones; desde David hasta la deportación a Babilonia, catorce generaciones; desde la deportación a Babilonia hasta Cristo, catorce generaciones» (Mt. 1, 17).

Al propio José, «el esposo de María, de la que nació Jesús» (Mt. 1, 16), lo llama Mateo «José, hijo de David» (Mt. 1, 20).

En Mateo, los contemporáneos de Jesús también reconocen en él su condición davídica. Esto es lo que sucede cuando Jesús abandona la ciudad galilea en el lago Genesaret en la que acaba de resucitar a la hija del magistrado:

«Cuando Jesús se iba de allí, le siguieron dos ciegos gritando: "¡Ten piedad de nosotros, Hijo de David!"» (Mt. 9, 27).

En Jericó, ya en Judea, muy cerca de Jerusalén, le vuelve a pasar algo muy similar:

«En esto, dos ciegos que estaban sentados junto al camino, al enterarse que Jesús pasaba, se pusieron a gritar: "¡Señor, ten compasión de nosotros, Hijo de David!" La gente les increpó para que se callaran, pero ellos gritaron más fuerte: "¡Señor, ten compasión de nosotros, Hijo de David!"» (Mt. 20, 30-31).

También lo reconoce una mujer cuando Jesús se halla en «la región de Tiro y Sidón»:

«En esto, una mujer cananea, que había salido de aquel territorio, gritaba diciendo: "¡Ten piedad de mí, Señor, ¡hijo de David! Mi hija está malamente endemoniada"». (Mt. 15, 22).

Y hasta los niños:

«Mas los sumos sacerdotes y los escribas, al ver los milagros que había hecho y a los niños que gritaban en el Templo: "¡Hosanna al Hijo de David!", se indignaron y le dijeron: "¿Oyes lo que dicen éstos?"» (Mt. 21, 1516).

Y el pueblo entero en el momento cumbre de la exaltación de Jesús, su entrada en Jerusalén el domingo de Ramos:

«Y la gente que iba delante y detrás de él gritaba: "¡Hosanna al Hijo de David!"» (Mt. 21, 9).

Y todo ello para después de tanta insistencia en el tema, recoger, sin embargo, un extraño episodio en el que Jesús parece querer explicar al pueblo que el futuro enviado no tiene por qué pertenecer necesariamente a la Casa de David, en lo que a algunos podría parecer un reconocimiento de que él no lo hacía.

«Estando reunidos los fariseos, les propuso Jesús esta cuestión: "¿Qué pensáis acerca del Cristo? ¿De quién es hijo?" Dícenle: "De David". Díceles: "Pues ¿cómo David, movido por el Espíritu, le llama Señor, cuando dice: Dijo el Señor a mi Señor: Siéntate a mi diestra hasta que ponga a tus enemigos debajo de tus pies. Si, pues, David le llama Señor, ¿cómo puede ser hijo suyo?" Nadie era capaz de contestarle nada; y desde ese día ninguno se atrevió ya a hacerle más preguntas». (Mt. 22, 41-46).

Si bien otra posible interpretación del episodio es que el Mesías, aún pesar de ser hijo de David, esto es, de la Casa de David y descendiente del añorado rey israelita, es aún superior a él.

2.2. JESÚS EL HIJO DE DAVID EN EL EVANGELIO DE MARCOS

En todo el Evangelio marquiano existe un único episodio en el que se produce un reconocimiento explícito de la condición davídica de Jesús. Como en Mateo, es un ciego el que realiza —singular alusión a que el que menos ve es, en realidad, el único capaz de ver «más allá»—, con dos pequeñas diferencias: la primera, que el ciego de Marcos va solo, mientras que el de Mateo va acompañado de otro (cosa que por cierto en Mateo ocurre dos veces: una cerca del lago

Genesaret y otra en Jericó); y la segunda, que en Mateo el ciego no tiene nombre, y en Marcos sí:

> «Llegan a Jericó. Y cuando salía de Jericó, acompañado de sus discípulos y de una gran muchedumbre, el hijo de Timeo (Bartimeo), un mendigo ciego, estaba sentado junto al camino. Al enterarse de que era Jesús de Nazaret, se puso a gritar: "¡Hijo de David, Jesús, ten compasión de mí!" Muchos le increpaban para que se callara. Pero él gritaba mucho más: "¡Hijo de David, ten compasión de mí!"» (Mc. 10, 46-48).

Jesús, efectivamente, le cura.

Cuando Jesús entra en Jerusalén el domingo de Ramos, también se produce una alusión al reino de David:

> «Los que iban delante y los que le seguían, gritaban: "¡Hosanna! ¡Bendito el que viene en nombre del Señor! ¡Bendito el reino que viene, de nuestro padre David! ¡Hosanna en las alturas!"». (Mc. 11, 910).

Una alusión que, aunque sí define el reino como «de David», no refiere explícitamente que Jesús sea «el hijo de David», como sí se hace en Mateo. Compárese si no, ese «¡Bendito el reino que viene, de nuestro padre David!», de Marcos, con el «¡Hosanna al Hijo de David!», de Mt. 21, 9.

De donde la conclusión que sacamos es que mientras el mesianismo mateiano de Jesús se basa indiscutiblemente en su condición de descendiente davídico, en Marcos, aunque se explicita con claridad que el reino con el que la muchedumbre identifica el mensaje de Jesús es el reino davídico, la condición davídica de Jesús no se presenta como inequívoca, sino que, bien al contrario, parece que Jesús intentara hacer comprender a sus seguidores que no es preciso que el Mesías pertenezca necesariamente a la Casa de David. No por casualidad, Marcos, con mayor claridad que ninguno (Mc. 12, 35-37), recoge el episodio en el que Jesús explica al pueblo que el futuro enviado no tiene por qué pertenecer necesariamente a la Casa de David.

2.3. JESÚS EL HIJO DE DAVID EN EL EVANGELIO DE LUCAS.

Después de ver que en Mateo la condición davídica de Jesús era conditio sine qua non del mesianismo de Jesús, y posteriormente que para Marcos la cuestión se presenta casi como tangencial, corresponde ahora conocer el enfoque que de la misma hace el tercero de los evangelistas en el orden canónico, Lucas.

Lucas se alinea más con Mateo que con Marcos. Lucas inicia sus argumentos bien pronto, en la propia cuna de Jesús.

«Al sexto mes envió Dios el ángel Gabriel a una ciudad de Galilea, llamada Nazaret, a una virgen desposada con un hombre llamado José, de la casa de David; el nombre de la virgen era María» (Lc. 1, 26-27).

«Él será grande, se le llamará Hijo del Altísimo y el Señor Dios le dará el trono de David, su padre» (Lc. 1, 32).

La condición davídica de Jesús vuelve a aparecer en el canto de Zacarías:

«Bendito el Señor Dios de Israel porque ha visitado y redimido a su pueblo, y nos ha suscitado una fuerza salvadora en la casa de David, su siervo» (Lc. 1, 68-69).

La razón por la que José se empadrona en Belén y Jesús viene, en consecuencia, a nacer en el pequeño pueblecito a la entrada de Jerusalén vuelve a ser la misma:

«Subió también José desde Galilea, de la ciudad de Nazaret, a Judea, a la ciudad de David, que se llama Belén, por ser él de la casa y familia de David, para empadronarse con María» (Lc. 2, 4-5)

El ángel que anuncia el nacimiento de Jesús les dice pocas cosas a los pastores, pero entre ellas no se priva de informarles de que «os ha nacido hoy, en la ciudad de David, un salvador, que es el Cristo Señor» (Lc. 2, 1011).

La genealogía que Lucas aporta de Jesús coincide en muy pocas, pero que muy pocas cosas, con la de Mateo, pero no deja de hacerlo en un punto muy concreto:

«[...] hijo de David, hijo de José [...]» (Lc. 3, 31-32).

Hasta aquí, todos ellos episodios originales y exclusivos del tercero de los evangelistas en lo que cabe denominar su «Evangelio de la Infancia». Sin embargo, al llegar al Evangelio del ministerio de Jesús propiamente dicho, solo hay, en todo el texto de Lucas, una única referencia a su condición davídica, que, además, nos va a sonar familiar:

«Cuando se acercaba a Jericó, estaba un ciego sentado junto al camino pidiendo limosna; al oír que pasaba gente, preguntó qué era aquello. Le informaron que pasaba Jesús el Nazareno y empezó a gritar, diciendo: "¡Jesús, Hijo de David, ¡ten compasión de mí!" Los que iban delante le increpaban para que se callara, pero él gritaba mucho más: "¡Hijo de David, ten compasión de mí!"» (Lc. 18, 35-39).

Episodio que Lucas, por cierto, relata de manera más similar a como lo hace el Evangelio no davídico de Marcos (un solo ciego, de quien ni siquiera da el nombre como sí hace Marcos), que como lo hace el Evangelio davídico de Mateo (dos ciegos anónimos, episodio que, a mayor abundamiento, se repite en hasta dos ocasiones).

Con ser un evangelio, por así decir, «davídico», algo de lo que no debe cabernos la menor duda, Lucas es, pues, menos elocuente que Mateo. Lucas ni siquiera recoge el episodio de la mujer cananea que implora a Jesús la curación de su hija cuando este se halla en la región de Tiro y que si bien en Mateo (Mt. 15, 22), reconoce la condición davídica de Jesús, en Marcos (Mc. 7, 24-30) no lo hace. Tampoco recoge el episodio igualmente mateiano en el que sumos sacerdotes y escribas se escandalizan al ver que hasta los niños reconocen la condición davídica de Jesús (Mt. 21, 1516). Y la entrada mesiánica de Jesús en Jerusalén cinco días antes de ser crucificado, la relata sin alusión alguna al rey David, como sí hacen, en cambio, tanto Mateo (Mt. 21, 1516), como Marcos (Mc. 11, 910), bien que, como hemos visto, de manera más explícita el primero, donde la multitud llama a Jesús «el hijo de David», que el segundo, donde la multitud se refiere simplemente al «reino que viene, de nuestro padre David».

Y no deja de recoger Lucas, al modo en el que también lo hacen tanto Mateo como Marcos, uno de los episodios más desconcertantes del Evangelio: aquél en el que Jesús intenta explicar, o al menos es una de las posibles interpretaciones del pasaje, que el Mesías no tiene porqué pertenecer a la Casa de David (Lc. 20, 41-44).

A modo de conclusión: si hemos de juzgar por el Evangelio de la Infancia que recoge Lucas al principio de su obra, nos hallamos ante un Evangelio de signo claramente davídico, tanto o más que el de Mateo. Pero si leyéramos el Evangelio de Lucas haciendo abstracción de los dos primeros capítulos que conforman su Evangelio de la Infancia, entonces a lo mejor hemos de reconocer que nos hallamos ante un Evangelio muy poco davídico, tanto o menos que el de Marcos.

2.4. JESÚS EL HIJO DE DAVID EN EL EVANGELIO DE JUAN

En todo su Evangelio, Juan no hace una sola mención del reino de David, y menos aún, de la condición davídica del maestro galileo. Y eso que en su obra se puede leer esta explícita mención sobre los ancestros de Jesús:

> «Los judíos murmuraban de él, porque había dicho: "Yo soy el pan que ha bajado del cielo". Y decían: "¿No es este Jesús, hijo de José, cuyo padre y madre conocemos? ¿Cómo puede decir ahora: 'He bajado del cielo'?".». (Jn. 6, 41-42).

Y aunque es verdad que Juan sí llega a citar que los judíos nombran a Jesús «rey de Israel», cuando dicha alusión aparece en Juan se halla desprovista de toda connotación davídica. Obsérvese, por ejemplo, como trata Juan el episodio de la entrada de Jesús en Jerusalén, común a los cuatro evangelios (Mt. 21, 910; Mc. 11, 911; Lc. 19, 35-38; Jn. 12, 1213).

«Al día siguiente, al enterarse la numerosa muchedumbre que había llegado para la fiesta, de que Jesús se dirigía a Jerusalén, tomaron ramas de palmera y salieron a su encuentro gritando: "¡Hosanna! ¡Bendito el que viene en nombre del Señor, y el rey de Israel!".» (Jn. 12, 1213)

Sin referencia alguna, pues, al rey David.

No es la única vez que en el Evangelio de Juan se hace una referencia a la condición real de Jesús. Lo hace el apóstol Felipe bien al comienzo del Evangelio:

«Le respondió Natanael: "Rabbí, tú eres el Hijo de Dios, tú eres el rey de Israel".» (Jn. 1, 49).

Lo hace Pilato en el juicio en nada menos que cuatro ocasiones. En dos ocasiones dirigiéndose al pueblo:

«¿Queréis, pues, que os ponga en libertad al rey de los judíos?» (Jn. 18, 39)
«¿A vuestro rey voy a crucificar?» (Jn. 19, 15).

En otra ocasión cuando realizando toda una declaración programática, hace constar la condición real de Jesús en el texto de la sentencia:

«Pilato redactó también una inscripción y la puso sobre la cruz. Lo escrito era: "Jesús el Nazareno, el rey de los judíos".» (Jn. 19, 19).

Y sobre todo cuando, en pleno juicio, se lo pregunta al propio Jesús:

«Entonces Pilato entró de nuevo al pretorio y llamó a Jesús y le dijo: "¿Eres tú el rey de los judíos?".» (Jn. 18, 33).

Ocasión que, por cierto, Jesús podría haber utilizado para exponer sus pretensiones davídicas, respondiendo sin embargo con este lacónico y hasta evasivo «mi Reino no es de este mundo». (Jn. 18, 36)

Para ser totalmente honestos con la verdad, en el Evangelio de Juan sí se hace una mención al añorado rey David, pero dicha mención no es precisamente una declaración a favor de la condición davídica de Jesús. Juzgue, si no, el lector:

«Muchos entre la gente, que le habían oído estas palabras, decían: "Este es verdaderamente el profeta". Otros decían: "Este es el Cristo". Pero otros replicaban: "¿Acaso va a venir de Galilea el Cristo? ¿No dice la Escritura que el Cristo vendrá de la descendencia de David y de Belén, el pueblo de donde era David?" Se originó, pues, una disensión entre la gente por causa de él.» (Jn. 7, 42-44).

No es la única vez que Juan se plantea la cuestión del lugar del que el protagonista de su obra es originario. Cuando Jesús está enrolando entre sus discípulos a los que vienen a ser el cuarto y el quinto de tan honorable colegio, esto es lo que ocurre:

«Felipe encuentra a Natanael y le dice: "Aquel de quien escribió Moisés en la Ley, y también los profetas, lo hemos encontrado: Jesús, el hijo de José, el de Nazaret". Le respondió Natanael: "¿De Nazaret puede haber cosa buena?"» (Jn. 1, 45-46)

Una referencia que, como se ve, viene vinculada una vez más a la importante relación que los judíos contemporáneos de Jesús establecen entre el lugar de origen y la condición profética, no digamos mesiánica, del personaje.

Por lo que cabe concluir que en la polémica suscitada entre los Sinópticos a propósito de la estirpe davídica de Jesús entre Mateo y Lucas —este en su *Evangelio de la Infancia*, no tanto en el Evangelio del ministerio— en un bando, y Marcos en el contrario, Juan toma claro partido por Marcos, por lo que la cuestión queda resuelta finalmente... Aunque solo sea con un claro empate.

3. Jesús, el Hijo del Hombre

Junto a la de «Mesías» o «Hijo de David», fundamentales para Jesús de cara a presentar su misión en el entorno geográfico-temporal que le rodea, otro proceso relacionado con su intitulación se abre camino a lo largo de las páginas evangélicas. Se trata del que le lleva a presentarse como «el Hijo del Hombre».

El término «Hijo del Hombre» aparece recogido en los Evangelios en más de ochenta ocasiones, pero curiosamente, solamente en tres de ellos, en los Sinópticos. Marcos lo hace en quince ocasiones y Lucas en veintisiete, lo que quiere decir que más de la mitad de las veces en que la locución aparece en los evangelios lo hace en el Evangelio de Mateo, que podríamos denominar a los efectos, «el Evangelio del Hijo del Hombre», igual que lo fue «el Evangelio del Hijo de David».

Aún aparece la locución, una vez más, en los *Hechos de los Apóstoles*, pero contrariamente a lo que uno habría esperado por la apocalíptica sonoridad del término, no aparece, sin embargo, en el *Apocalipsis*, lo que, bien pensado, nada tiene de particular, en lo que se constituye como una prueba más de que se trata del mismo autor del Cuarto Evangelio, Juan, que, como ya hemos señalado, no la utiliza en su texto.

En origen, «Hijo del Hombre» es una locución veterotestamentaria que hallamos recogida por primera vez en el *Libro de Ezequiel*, profeta que ejerció su ministerio en la primera mitad del siglo VI a. C.

«Me dijo: "hijo de hombre, ponte en pie, que voy a hablarte"» (Ez. 2, 1).

De ahí pasa directamente al *Libro de Daniel*, libro que cabe datar en torno al año 160 a. C., en el que encontramos dos alusiones al término: la primera es menos elocuente a los efectos que nos ocupan:

«Mientras yo Daniel contemplaba esta visión [...] oí una voz de hombre sobre el Ulay que gritaba: "Gabriel, explícale a éste la visión". Él se acercó al lugar donde yo estaba y cuando llegó, me aterroricé y caí de bruces. Me dijo: "Hijo de Hombre, entiende: la visión se refiere al tiempo del fin"» (Dn. 8, 1517).

Pero la segunda nos introduce de lleno en el ambiente mesiánico de los Evangelios:

«Yo seguía contemplando en las visiones de la noche: Y he aquí que en las nubes del cielo venía como un Hijo de Hombre. Se dirigió hacia el anciano y fue llevado a su presencia. A él se le dio imperio, honor y reino, y todos los pueblos, naciones y lenguas le sirvieron. Su imperio es un imperio eterno que nunca pasará y su reino no será destruido jamás.» (Dn. 7, 13-14).

¿Acaso no evocan estas palabras el «mi reino no es de este mundo» que pronuncia Jesús ante Pilato horas antes de ser crucificado? (Jn. 18, 36). Tanto que las palabras daniélicas «y su reino no será destruido jamás», equivalentes al «su reino no tendrá fin», de hecho, y no por casualidad, forman parte del credo que los cristianos recitan en la misa.

La expresión «Hijo de Hombre» pasa al género que cabe llamar *apocalíptica apócrifa intertestamentaria,* una serie de libros de los últimos tiempos del Antiguo Testamento que, sin embargo, se quedan fuera tanto del canon judío como del cristiano. Y de la apocalíptica apócrifa, directamente a las páginas del Nuevo Testamento, donde Jesús hace una aportación fundamental, convirtiendo ese «Hijo de Hombre» de Ezequiel y Daniel, en «"EL" Hijo del Hombre», lo que individualiza y personaliza extraordinariamente el título, y le permite utilizarlo para referirse a sí mismo

Jesús se autotitula «el Hijo del Hombre» cuando pretende presentarse como un hombre más, el más pequeño de los hombres incluso. Así cuando declara:

«Las zorras tienen guarida, y las aves del cielo nido; pero el Hijo del Hombre no tiene donde reclinar la cabeza» (Mt. 8, 20).

O también:

«El Hijo del Hombre no ha venido a ser servido, sino a servir y a dar su vida como rescate por muchos.» (Mt. 20, 28).

Pero también, y paradójicamente, cuando quiere presentarse ante sus interlocutores, triunfante en toda su majestad. Así, no duda en responder al tribunal del Sanedrín que tiene en su mano su vida y que, de hecho, está a punto de decidir sobre ella:

«Y yo os declaro que a partir de ahora veréis al Hijo del Hombre sentado a la diestra del Poder [=Dios] y venir sobre las nubes del cielo» (Mt. 26, 64).

4. Jesús, el Hijo de Dios

El mensaje de Jesús, expuesto gradualmente, le presenta primero como un rabino, después como el Hijo del Hombre y el Hijo de David, después el Mesías, para en un segundo momento, cercano al fin, por cierto, manifestarse en toda su plenitud como el auténtico «Hijo de Dios», la blasfemia.

Bien elocuente de esa gradualidad es el episodio en el que, preguntado por un seguidor anónimo, «Maestro bueno, ¿qué he de hacer para tener en herencia la vida eterna?», Jesús, eludiendo cualquier afirmación comprometedora, responde:

«¿Por qué me llamas bueno? Nadie es bueno sino sólo Dios» (cf. Mt. 19, 16-17, equivalente a Mc. 10, 17-18; Lc. 18, 18-19).

Actitud que difiere sin embargo con la que observa ante sus apóstoles, a los que, como vemos en el relato de Marcos, considera mejor preparados para recibir su mensaje, o en los que, al menos, confía más:

«Por el camino hizo [Jesús] esta pregunta a sus discípulos: "¿Quién dicen los hombres que soy yo?" Ellos le dijeron: "Unos que Juan el Bautista, otros que Elías, otros que uno de los profetas". Y él les preguntaba: "Y vosotros, ¿quién decís que soy yo?" Pedro le contesta: "Tú eres el Mesías"» (Mc. 8, 27-29).

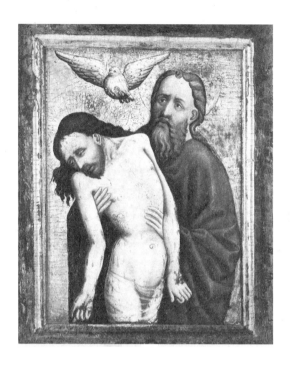

Jesús Hijo de Dios. Santísima Trinidad.
Anónimo ruso (h.1700). Recklinghausen

En Lucas, sin embargo, la respuesta de Pedro es algo más contundente:

«Eres el mesías de Dios» (Lc. 9, 18-21).

En Juan un poco más:

«Tú eres el santo de Dios» (Jn. 6, 69)

Alcanzando en Mateo el cénit:

«Tú eres el mesías, el hijo de Dios vivo» (Mt. 16, 16).

Texto este último, fundamental, pues introduce en el discurso una nota más de suma importancia para la cristología: y es que, según él, Jesús ya no es solo el mesías, un ser especialmente ungido por Dios, pero hombre, al fin y al cabo; tampoco el Hijo del Hombre de confusa y difusa interpretación. Se trata del mismísimo Hijo de Dios, así, en singular, con mayúscula y con el artículo determinado por delante.

El reconocimiento de Pedro es tan importante que Jesús se lo premia:

«Bienaventurado eres Simón, hijo de Jonás, porque no te ha revelado esto la carne ni la sangre, sino mi Padre que está en los cielos. Y yo a mi vez te digo que tú eres Pedro, y sobre esta piedra edificaré mi Iglesia, y las puertas del Hades no prevalecerán contra ella. A ti te daré las llaves del Reino de los Cielos; y lo que ates en la tierra quedará atado en los cielos, y lo que desates en la tierra quedará desatado en los cielos» (Mt. 16, 17-19).

La expresión «Hijo de Dios» no es totalmente ajena al Antiguo Testamento. Por un lado, hijos de Dios se les llama en algunas ocasiones, a los ángeles. Así, por ejemplo, en el Génesis (cf. Gn. 6, 1-2), o en el *Libro de Job*, en el que leemos:

«El día en que los Hijos de Dios [los ángeles] venían a presentarse ante Yahveh, vino también entre ellos el Satán» (Job. 1, 6).

También el pueblo judío aparece identificado como hijo de Dios en una ocasión:

«Acabaron por reconocer [los egipcios] que aquel pueblo [el judío] era hijo de Dios» (Sb 18, 13).

El *Libro de la Sabiduría,* por último, también hace un relato que contiene una mención al Hijo de Dios, el cual, este sí, se presenta bien relacionado con el tema que nos ocupa ahora:

«Pues si el justo es hijo de Dios, él lo rescatará y lo librará del poder de sus adversarios. Lo someteremos a humillaciones y torturas para conocer su temple y comprobar su entereza. Lo condenaremos a una muerte humillante, pues, según dice, Dios lo protegerá» (Sb. 2, 18-20).

Pedro reconoce en Jesús al Hijo de Dios. Perugino (1480). Capilla Sixtina (Roma)

Un relato, por otro lado, tan perfectamente identificado con el concepto mesiánico que se maneja en los Evangelios.

Entrando de lleno en el relato neotestamentario, lo primero que se ha de decir es que Jesús no es el único hijo de Dios que deambula por sus renglones, y así, el tercer evangelista otorga tal titulación a Adán, cuando en el árbol genealógico que hace de Jesús, al llegar a la generación que abre todas las demás, dice del gran patriarca de la humanidad:

"Adán, hijo de Dios" (Lc. 3, 38).

Que no es tan extraño, pues se refiere a la creación directa, ex novo, por Dios mediante un procedimiento que no tiene que ver con el normal de la reproducción humana y en general, de todos los animales.

El cuarto evangelista otorga a todos los seres humanos la posibilidad de convertirse también él en «hijos de Dios»:

«Pero a todos los que la recibieron [la Palabra] les dio poder de hacerse hijos de Dios, a los que creen en su nombre» (Jn. 1, 12)

Hechas estas salvedades, y sumergiéndonos en el tema que nos ocupa, la intitulación de Jesús como «el Hijo de Dios» y el alcance de dicha intitulación, lo primero que llama la atención es la cantidad de personajes neotestamentarios que creen ver en Jesús al Hijo de Dios, como hemos dicho arriba en singular y con mayúsculas.

El primero de todos, nada menos que el diablo, que lo hace en repetidas oportunidades. Así, por ejemplo, cuando con ocasión de la estancia de Jesús en el desierto intenta tentarle:

> «Y acercándose el tentador, le dijo: "Si eres Hijo de Dios, di que estas piedras se conviertan en panes".» (Mt. 4, 3, repetido en Mt. 4, 6, cf. Lc. 4, 3; Lc. 4, 9).

Así también cuantas veces es obligado por Jesús a abandonar el cuerpo de un endemoniado:

> «Y los espíritus inmundos, al verle, se arrojaban a sus pies y gritaban: "Tú eres el Hijo de Dios."». (Mc. 3, 11-12)

No menos lo hacen los propios endemoniados que se presentan ante Jesús en demanda de su curación:

> «Al llegar a la otra orilla, a la región de los gadarenos, vinieron a su encuentro dos endemoniados que salían de los sepulcros, y tan furiosos que nadie era capaz de pasar por aquel camino. Y se pusieron a gritar: "¿Qué tenemos nosotros contigo, Hijo de Dios?"» (Mt. 8, 28-29).

En ámbitos menos hostiles al Nazareno, el reconocimiento como Hijo de Dios no es menos generalizado. En los inicios del relato, el propio ángel que informa a María de la concepción de un niño en su seno le anuncia:

> «El que ha de nacer será santo y se le llamará Hijo de Dios.» (Lc. 1, 35).

Nicodemo, el enigmático personaje de elevada condición y cultura que quiere entrevistarse a toda costa con Jesús pronuncia estas solemnes palabras:

«Porque tanto amó Dios al mundo que dio a su hijo único, para que todo el que crea en él no perezca, sino que tenga vida eterna. Porque Dios no ha enviado a su Hijo al mundo para juzgar al mundo, sino para que el mundo se salve por él.» (Jn. 3, 16-18).

Marta, la hermana del Lázaro al que Jesús resucita, también le proclama tal:

«Señor, yo creo que tú eres el Cristo, el Hijo de Dios, el que iba a venir al mundo» (Jn. 11, 27).

En las postrimerías de sus días, personajes nada cercanos a su mensaje también lo hacen:

«El centurión y los que con él estaban guardando a Jesús, al ver el terremoto y lo que pasaba, se llenaron de miedo y dijeron: "Verdaderamente este era hijo de Dios."» (Mt. 27, 54, cf. Mc. 15, 39)

Locución que vemos repetida en parecidos términos en boca de sus propios discípulos:

«Subieron a la barca y amainó el viento. Y los que estaban en la barca se postraron ante él diciendo: "Verdaderamente eres Hijo de Dios".» (Mt. 14, 32-33)

Lo hacen también los evangelistas. Así, Marcos:

«Comienzo del Evangelio de Jesús, el Cristo, Hijo de Dios». (Mc. 1, 1).

Así, Juan, tanto al principio de su libro:

«A Dios nadie le ha visto jamás: el Hijo Unigénito, que está en el seno del Padre [obviamente Jesús], él lo ha contado".» (Jn. 1, 18).

Como al final:

«Jesús realizó en presencia de los discípulos otros muchos signos que no están escritos en este libro. Estos han sido escritos para que creáis que Jesús es el Cristo, el Hijo de Dios». (Jn. 20, 30).

Lo hace también el Bautista:

«Yo le he visto y doy testimonio de que es el Hijo de Dios.» (Jn. 1, 33-34).

Lo hacen Pablo y sus discípulos:

«El Hijo de Dios, Cristo Jesús, a quien os predicamos Silvano, Timoteo y yo.» (2 Co. 1, 19).

La gran proclamación de Jesús como Hijo de Dios, sin embargo, es la que se atribuye al primero de los apóstoles, san Pedro, en episodio que debemos a Mateo y que se constituye en uno de los más conocidos de los cuatro Evangelios:

«Llegado Jesús a la región de Cesarea de Filipo, hizo esta pregunta a sus discípulos: "¿Quién dicen los hombres que es el Hijo del hombre?" Ellos dijeron: "Unos, que Juan el Bautista; otros, que Elías; otros, que Jeremías o uno de los profetas." Díceles él: "Y vosotros ¿quién decís que soy yo?" Simón Pedro contestó: «Tú eres el Cristo, el Hijo de Dios vivo."» (Mt. 16, 13-16).

Llegados a este punto, se ha planteado la exégesis de tres grandes cuestiones, sobre todas las cuales vamos a buscar respuesta en los textos. La primera es: si bien muchos de sus contemporáneos reconocieron en él al Hijo de Dios, ¿llegó Jesús a proclamar de sí mismo tan alta titulación? La sola respuesta que en el Evangelio de Mateo le da Jesús al vehemente Pedro cuando le identifica como tal, es harto elocuente:

«Bienaventurado eres Simón, hijo de Jonás, porque no te ha revelado esto [es decir, su condición de Hijo de Dios] la carne ni la sangre, sino mi Padre que está en los cielos.» (Mt. 16, 13-19).

No son pocas las ocasiones en las que sus contemporáneos atestiguan haber oído a Jesús proclamarse el Hijo de Dios. Cuando los judíos explican a Pilato porque llevan a Jesús a su presencia y le reclaman que lo ejecute, le informan de lo siguiente:

«Se tiene por Hijo de Dios.» (Jn. 19, 7).

Luego le han oído decirlo.

Colgado en la cruz, los que presencian la tortura increpan a Jesús con estas palabras no menos reveladoras:

«Ha puesto su confianza en Dios; que le salve ahora, si es que de verdad le quiere; ya que dijo: "Soy hijo de Dios."» (Mt. 27, 39-43).

Luego se trata igualmente de personas que se lo han oído proclamar.

La acusación que formula el sumo sacerdote que instruye su proceso, Caifás, es suficientemente clara:

«Te conjuro por Dios vivo que nos digas si tú eres el Cristo, el Hijo de Dios.» (Mt. 26, 63).

Y Jesús no se queda callado. La respuesta, si bien no idéntica en los tres evangelios que refieren el episodio, no registra, en lo relativo al tema, significativas diferencias. Según Mateo, Jesús responde al sumo sacerdote:

«Tú lo has dicho» (Mt. 26, 63-64).

En Lucas, Jesús se muestra algo más explícito y dice:

«Vosotros lo decís: Yo soy» (Lc. 22, 70-71).

En Marcos, un Jesús no menos explícito, aún añade a la afirmación base una aclaración:

«Si, yo soy, y veréis al Hijo del Hombre sentado a la diestra del poder y venir entre las nubes del cielo.» (Mc. 14, 62).

De todas maneras, ningún texto tan importante en lo relativo a la intitulación de Jesús cual Hijo de Dios como el Evangelio de Juan. Juan nos informa de dichos de Jesús que solo en él aparecen, imprescindibles para comprender la idea que Jesús tiene sobre su relación con el que él llama «el Padre», «mi Padre». A los judíos que le increpan el día de la fiesta de la dedicación, les dice Jesús:

> «Yo y el Padre somos uno [...] A aquél al que el Padre ha santificado y enviado al mundo, ¿cómo le decís que blasfema por haber dicho «Yo soy Hijo de Dios»?» (Jn. 10, 30-36).

La cuestión es importante, pues muchos autores tanto del Jesús histórico como del moderno Jesús histórico sostienen que la intitulación de Jesús como «hijo de Dios» la hacen sus discípulos, cuando ya crucificado, transforman el mensaje del Nazareno para darle una cobertura ética-teológica que no había tenido en el lenguaje del propio Jesús, que no pasaba de ser un caudillo militar o, en todo caso, el lidercillo de una especie de «grupo de pensamiento». Con toda claridad lo expresa el pionero del Jesús histórico, en una afirmación que ya le conocemos, deslizada en su obra *Acerca del propósito de Jesús y el de sus discípulos:*

> «Tenemos buenas razones para trazar una distinción absoluta entre la enseñanza de los apóstoles en sus escritos y lo que Jesús mismo había proclamado y había pensado en su propia vida».

La segunda cuestión es la siguiente: la titulación como Hijo de Dios, ¿es una titulación más de las que corresponden al mesiazgo según se entiende generalmente en la época, sin mayor trascendencia, por lo tanto, o adquiere en Jesús, y así lo perciben sus contemporáneos, un significado que va más allá y le vincula íntima y especialmente a la divinidad? A tales efectos, se suele apelar al Salmo 89, el llamado *Himno y oración al Dios fiel,* el salmo de todo el salterio más claramente referido al mesías. En él se puede leer:

> «Él me invocará [es Dios quien habla]: ¡Padre mío, mi Dios, mi Roca salvadora! Y yo lo nombraré mi primogénito, altísimo entre los reyes de la tierra»". (Sl. 89, 27-28).

Se refiere el salmo en cuestión a la especial alianza que constituye Dios con David y con su casa, de la cual, como sabemos, habrá de salir el mesías. Pero lo cierto es que, si bien queda suficientemente esclarecido que esa alianza será íntima, no parece trascender los límites de una especial unción para una dinastía muy especial, pero poco más. La continuación de la lectura del salmo nos saca de dudas, y nos demuestra que el de Hijo de Dios en este pasaje es apenas un título más del mesías sin mayores repercusiones prácticas:

«Amor eterno le guardaré [sigue siendo Dios el que habla], mi alianza con él será firme; le daré una estirpe perpetua, un trono duradero como el cielo. Si sus hijos abandonan mi ley, si no viven según mis normas, si profanan mis preceptos y no observan mis mandatos, castigaré su rebelión con vara, sus culpas a latigazos, pero no retiraré mi amor, no fallaré en mi lealtad. Mi alianza no violaré, no me retractaré de lo dicho; por mi santidad juré una vez que no había de mentir a David. Su estirpe durará siempre, su trono como el sol ante mí, se mantendrá siempre como la luna, testigo fidedigno en el cielo». (Sl. 89, 29-38).

¿Es esa la filiación frente a Dios que Jesús reclama para sí? ¿Es así como perciben sus contemporáneos las afirmaciones que Jesús realiza sobre su especial vinculación a Dios como «su Hijo»?

A estos efectos, un pasaje evangélico se nos presenta revelador. Cuando unos judíos sin nombre propio en los evangelios se presentan ante Pilato para que este pronuncie la sentencia de muerte de Jesús, el argumento que utilizan es el siguiente:

«Nosotros tenemos una Ley, y según esa Ley debe morir, porque se tiene por Hijo de Dios» (Jn. 19, 7).

¿A qué Ley se refieren esos judíos? No es difícil determinarlo. Los judíos que procuran ante Pilato la ejecución sumaria de Jesús conocen bien la Ley, y la Ley ordena:

«Quien blasfeme el nombre de Yahveh, será muerto.» (Lv. 24, 16).

De que los judíos no tienen el mayor reparo en aplicar dicho precepto nos da buena cuenta el mismo libro del *Levítico*:

«Había entre los israelitas uno que era hijo de una mujer israelita, pero su padre era egipcio. El hijo de la israelita y un hombre de Israel riñeron en el campo, y el hijo de la israelita blasfemó y maldijo el

Nombre. Y fue llevado ante Moisés. Su madre se llamaba Selomit, hija de Dibrí, de la tribu de Dan. Lo tuvieron detenido hasta que se decidiera el caso por sentencia de Yahvé. Entonces Yahvé le dijo a Moisés: "Saca al blasfemo fuera del campamento; todos los que lo oyeron pondrán las manos sobre su cabeza, y toda la comunidad lo apedreará. Y dirás a los israelitas: Cualquier hombre que maldiga a su Dios, cargará con su pecado. Quien blasfeme el Nombre de Yahvé, será muerto; toda la comunidad lo apedreará. Sea forastero o nativo, si blasfema el Nombre, morirá".» (Lv. 24, 10-16).

Aunque accesoria, una cosa no deja de llamar poderosamente la atención en esta sentencia: el hecho de que los que oyeron la blasfemia hayan de poner la mano sobre la cabeza del blasfemador mientras este es apedreado. Más de uno se llevaría lo suyo en la «pedrea».

La condena que esos judíos reclaman de Pilato para Jesús no es, pues, una condena por proclamarse mesías, para lo que propiamente no existe pena en la Ley mosaica, sino una condena por proclamarse Dios, en lo que el delito a castigar es el peor que existe en derecho judío: la blasfemia. Del argumento parece extraerse que el mensaje de Jesús, según lo percibieron sus contemporáneos, incluía una vinculación a Dios que iba más allá del especial afecto que se esperaba que Dios tuviera por el representante de la dinastía por él elegida.

No es, de todas formas, la única ocasión en que las palabras de Jesús sobre el tema ofenden en modo tan agravado los oídos de sus compatriotas. En el episodio que ya conocemos en el que Jesús acaba de informar a sus compatriotas de que «él y el Padre son uno» (Jn. 10, 30), sus interlocutores actúan de manera sumaria y sin pensárselo dos veces.

«Los judíos trajeron otra vez piedras para apedrearle.» (Jn. 10, 31).

¿Por qué? El texto no nos oculta el motivo, y lo hace con total claridad.

«Jesús les dijo: "Muchas obras buenas que vienen del Padre os he mostrado. ¿Por cuál de esas obras queréis apedrearme?" Le respondieron los judíos: "No queremos apedrearte por ninguna obra buena, sino por una blasfemia, y porque tú, siendo hombre te haces a ti mismo Dios."» (Jn. 10, 31-33).

Una tercera cuestión relativa a la condición de Hijo de Dios que Jesús arroga para sí es la de si dicha condición es común al resto de los seres humanos, o, por el contrario, afecta a él y nada más que a él, de una manera especial y anterior a la forma en que afecta al resto de sus congéneres.

Su lenguaje a estos efectos no deja lugar a dudas, sobre todo en el Evangelio de Juan, el último de los cuatro, que recoge este discurso pascual de Jesús a sus discípulos:

«Creéis en Dios: creed también en mí. En la casa de mi Padre hay muchas mansiones; si no, os lo habría dicho; porque voy a prepararos un lugar. Y cuando haya ido y os haya preparado un lugar, volveré y os tomaré conmigo, para que donde esté yo estéis también vosotros [...] Yo soy el Camino, la Verdad y la Vida. Nadie va al Padre sino por mí. Si me conocéis a mí, conoceréis también a mi Padre; desde ahora lo conocéis y lo habéis visto. [...] El que me ha visto a mí, ha visto al Padre. ¿Cómo dices tú [a Felipe]: "Muéstranos al Padre"? ¿No crees que yo estoy en el Padre y el Padre está en mí? Las palabras que os digo, no las digo por mi cuenta; el Padre que permanece en mí es el que realiza las obras. Creedme: yo estoy en el Padre y el Padre está en mí. Al menos, creedlo por las obras. En verdad, en verdad os digo: el que crea en mí, hará él también las obras que yo hago, y hará mayores aún, porque yo voy al Padre. Y todo lo que pidáis en mi nombre, yo lo haré, para que el Padre sea glorificado en el Hijo. [...] Dentro de poco el mundo ya no me verá, pero vosotros sí me veréis, porque yo vivo y también vosotros viviréis. Aquel día comprenderéis que yo estoy en mi Padre y vosotros en mí y yo en vosotros. El que tiene mis mandamientos y los guarda, ése es el que me ama; y el que me ame, será amado de mi Padre; y yo le amaré y me manifestaré a él. [...] Si alguno me ama, guardará mi palabra, y mi Padre le amará, y vendremos a él, y haremos morada en él. El que no me ama no guarda mis palabras. Y la palabra no es mía, sino del Padre que me ha enviado [...] Si me amarais, os alegraríais de que me vaya al Padre [...] ha de saber el mundo que amo al Padre y que obro según el Padre me ha ordenado.» (Jn. 14, 1-31).

Pero también en los otros evangelios más tempranos. Así el de Mateo:

«No todo el que me diga: "Señor, Señor", entrará en el Reino de los Cielos, sino el que haga la voluntad de mi Padre que está en los cielos.» (Mt. 7, 20-23).

Así el de Lucas:

«Vosotros sois los que habéis perseverado conmigo en mis pruebas; yo, por mi parte, dispongo un Reino para vosotros, como mi Padre lo dispuso para mí, para que comáis y bebáis a mi mesa en mi Reino y os sentéis sobre tronos para juzgar a las doce tribus de Israel.» (Lc. 22, 28-30).

Y también en el de Marcos, que es aquél entre los cuatro evangelios donde la especial relación de Jesús con el Padre transluce menos. Y aun así, es de esta índole:

«Porque quien se avergüence de mí y de mis palabras en esta generación adúltera y pecadora, también el Hijo del hombre se avergonzará de él cuando venga en la gloria de su Padre con los santos ángeles.» (Mc. 8, 38).

«Mas de aquel día y hora, nadie sabe nada, ni los ángeles en el cielo, ni el Hijo, sino sólo el Padre.» (Mc. 13, 32).

Sobre todo, cuando en un episodio cuya historicidad es muy poco discutida por el hecho de transcribirse, aunque solo parcialmente, en su lengua materna, el arameo, Jesús se permite llamar a Dios «papá»:

«Y decía: "¡Abbá [traducible como 'papá' en arameo], Padre!; todo es posible para ti; aparta de mí esta copa; pero no sea lo que yo quiero, sino lo que quieres tú."» (Mc. 14, 36).

Sobre el uso de esta palabra nos dice Juan Pablo II en su alocución de fecha 1 de julio de 1987:

«La palabra "Abbá" forma parte del lenguaje de la familia, y testimonia esa particular comunión de personas que existe entre el padre y el hijo engendrado por él, entre el hijo que ama al padre y al mismo tiempo es amado por él. Cuando, para hablar de Dios, Jesús utilizaba esta palabra, debía de causar admiración e incluso escandalizar a sus oyentes. Un israelita no la habría utilizado ni en la oración. Sólo quien se consideraba Hijo de Dios en un sentido propio podría hablar así de Él y dirigirse a Él como Padre. "Abbá" es decir, "padre mío", "papaíto", "papá"».

Los comentaristas más radicales en lo relativo al tema, aquéllos que, en su afán por demostrar que Jesús no fue condenado por blasfemo, sostienen que Jesús jamás se proclama a sí mismo Hijo de Dios, ignoran indiscutiblemente la abrumadora abundancia de episodios en los que vemos a Jesús, él mismo, coquetear con el concepto «hijo de Dios» y aplicarlo a su persona de manera tan clara como, por decirlo de alguna manera, *blasfémica*. Defienden esos comentaristas que todas las alusiones en tal sentido forman parte del ropaje con el que los evangelistas adornan la historia del Nazareno para adecuarla a sus propios objetivos, que no son otros que los de convertirle en lo que él nunca se proclamó, el Hijo de Dios, Dios, en suma, pero que en realidad no se produjeron.

Lo cierto es que si la idea no fuera originaria del personaje que puede avalar un discurso tan provocativo con una resurrección —o cuanto menos, con una apariencia de resurrección— mucho más difícil se nos antoja aceptar que la relaten y la escriban —¡y con la frescura y la tranquilidad con la que se lo vemos hacer!—, nada menos que cuatro escritores, los cuatro evangelistas (de Pablo ni hablamos), nacidos en el seno del más puro judaísmo. Y que cuando escriben, entre las décadas del año 50 y del año 60, conocen todavía una comunidad cristiana muy apegada a sus raíces judaicas.

A estos efectos, considérese que la muerte de Santiago, el que se queda de líder de la comunidad cristiana de Jerusalén cuando Jesús ya no está, del que se decía que era tan buen judío que incluso le era dado entrar en el Templo, muerte martirial a manos del Sanedrín que nos relatan tanto Eusebio de Cesarea (cristiano) como Flavio

Josefo (no cristiano), no se produce hasta el año 62. Y que los cristianos no abandonan Jerusalén hasta que en el año 67 comienza la Guerra judeo-romana que finalizará en el año 70 con la ocupación de la ciudad y el saqueo y destrucción del Templo. Quiere ello decir que la utilización por los evangelistas, sobre todo los sinópticos, tres décadas anteriores a Juan, de palabras tan escandalosas y provocativas como las que le vemos poner en boca de Jesús sin que este, efectivamente las hubiera pronunciado, supone un ejercicio religiosamente insolente hasta el grado de lo impensable, y estratégicamente arriesgado hasta el grado de lo insensato. Pero no ya para su integridad física, de la que el evangelista podía ser tan despreocupado como pluguiere, sino para la propia credibilidad literaria de su obra.

Claro que para el «Moderno Jesús Histórico», nada más fácil que cuestionar la antigüedad de los evangelios, y particularmente los sinópticos…, y se quedan tan anchos. Todo lo que pueda molestar al discurso y las conclusiones de los autores del Jesús histórico y del moderno Jesús histórico se declara «no auténtico» y punto. ¿Qué mejor manera de solucionar la papeleta? ¿Acaso no son ellos los autores del Jesús histórico? ¿Acaso no son ellos los que deciden lo que es histórico y lo que no?

5. La datación de los evangelios y su importancia para determinar la autenticidad de la blasfemia pronunciada por Jesús

Por lo que, llegados a este punto, parece de lo más oportuno intentar conocer si esos evangelios, los mismos que hablan de la terrible blasfemia pronunciada por Jesús que dio origen a la religión cristiana, son o no son textos muy tempranos, que pudieron leer personas que conocieron personalmente a Jesús y que, en consecuencia, no se habrían tragado tan fácilmente un mensaje puesto en su boca que no tuviera nada que ver con lo que, efectivamente, le oyeron decir.

Para datar los evangelios, y curiosamente, debemos iniciar nuestro análisis en un libro distinto, bien que muy cercano a ellos: el libro de los *Hechos de los Apóstoles*. Curioso ¿verdad? Los *Hechos de los Apóstoles* convertidos en pieza clave para determinar la antigüedad de los Evangelios, va siendo necesario explicarse.

El Libro de los *Hechos de los Apóstoles* está escrito por Lucas, el autor del Tercer Evangelio, algo que es difícilmente cuestionable desde el punto y hora en que ambos van prologados de similar manera.

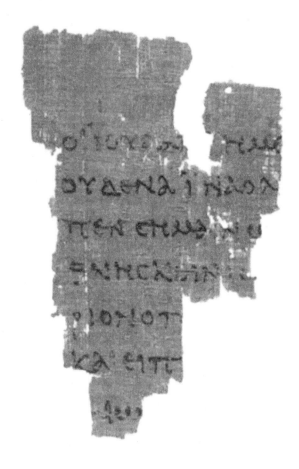

Papiro Rylands. El fragmento evangélico más antiguo nunca hallado.
Evangelio de San Juan (h.12 d. C.)

El Evangelio lo hace así:

«Puesto que muchos han intentado narrar ordenadamente las cosas que se han verificado entre nosotros, tal como nos las han transmitido los que desde el principio fueron testigos oculares y servidores de la Palabra, he decidido yo también, después de haber investigado diligentemente todo desde los orígenes, escribírtelo por su orden, ilustre Teófilo, para que conozcas la solidez de las enseñanzas que has recibido». (Lc. 1, 1-4).

Los Hechos así:

«El primer libro lo dediqué, Teófilo, a todo lo que Jesús hizo y enseñó desde el principio hasta el día en que, después de haber dado instrucciones por medio del Espíritu Santo a los apóstoles que había elegido, fue levantado a lo alto» (Hch. 1, 1-2).

Destinados, como se ve, los dos, a un tal Teófilo del que poco más se sabe.

Queda claro también, de esta introducción, que el Libro de los Hechos se escribe después del Evangelio:

«El primer libro lo dediqué, Teófilo, a todo lo que Jesús hizo y enseñó desde el principio».

Conviene añadir también que los *Hechos de los Apóstoles* es un libro muy mal titulado, pues no se trata, como podría pensarse, de un relato de la vida de los que en los evangelios aparecen mencionados como «apóstoles», y salvo unas menciones iniciales a Pedro, Juan, Santiago «el hermano de Jesús», Santiago de Zebedeo y poco más, su texto se centra en la figura de uno que no es, precisamente, un apóstol, a saber, Pablo de Tarso, que ni siquiera llegó a conocer a Jesús.

Establecidas estas premisas iniciales, vamos ya al argumento central. El libro de los *Hechos de los Apóstoles*, escrito, por cierto, en primera persona desde el capítulo 16 versículo 10 —lo que quiere decir que a partir de ese momento su autor, Lucas, comparte los acontecimientos con el protagonista de la obra, en este caso Pablo—, termina de una manera abrupta, con una declaración de Pablo a los judíos de Roma. Dice la última frase del libro:

«Pablo permaneció dos años enteros en una casa que había alquilado y recibía a todos los que acudían a él; predicaba el Reino de Dios y enseñaba lo referente al Señor Jesucristo con toda valentía, sin estorbo alguno« (Hch. 28, 30-31).

Y aquí termina.

Lucas, como vemos, ni siquiera llegará a mencionar la ejecución de su maestro, Pablo, evento que, de haber seguido escribiendo cuando ocurría, jamás habría dejado de relatar, como no es necesario ni explicar, siendo así que la muerte de Pablo ocurre en el año 67.

Se puede establecer a partir de la biografía de Pablo, que ese momento en el que Lucas deja de escribir sobre él acontece sobre el año 63, algo plenamente coherente, por cierto, con las últimas referencias que se hacen a Lucas en las cartas de Pablo, las dos que escribe en el año 63 y desde Roma.

Son dichas alusiones las siguientes. En la *Carta a los Colosenses:*

«Os saluda Lucas, el médico querido» (Col. 4, 14).

Y en su *Carta a Filemón,* escrita muy poco después:

«Te saludan Epafras, mi compañero de cautiverio en Cristo Jesús, Marcos, Aristarco, Demas y Lucas, mis colaboradores» (Flm. 1, 23-24).

Todo lo cual no es óbice para que Pablo vuelva a mencionar a Lucas en su Segunda Carta a Timoteo, última de las que escribe, en lo que son sus últimos días, hacia el año 67, donde leemos:

«El único que está conmigo es Lucas» (2 Tm. 4, 11).

Ahora bien, para ese entonces, Lucas ya ha dejado de escribir. La razón la desconocemos: tal vez, simplemente, no escribía; tal vez, siguió escribiendo, pero esa parte de su diario se perdió. Como quiera que sea, el relato de los *Hechos de los Apóstoles* de Lucas queda interrumpido en el año 63.

Con todos estos datos, no nos queda sino construir el argumento. Si en el libro de los *Hechos* escribe Lucas en primera persona todo lo que acontece a él y a Pablo hasta el año 63, y deja sin escribir los eventos fundamentales que le ocurren después tanto a él como al que es su auténtico protagonista, Pablo, eso significa necesariamente que el libro se ha dejado de escribir en el año 63. Si el Evangelio escrito por el mismo autor de los *Hechos* se ha escrito antes, como hemos tenido ocasión de ver en la introducción del libro de los *Hechos,* eso obliga a aceptar que el mismo está escrito como tarde ese mismo año 63, pero con mucha mayor lógica (un libro no se escribe en dos días, se lo puedo asegurar) el año 61, 60, o incluso finales de los 50.

Si el Evangelio del que hablamos es, como se deduce del análisis interior de los tres textos y es de general aceptación, el tercero de los evangelios, ello obliga a pensar que el segundo, presumiblemente el que conocemos como Mateo, se escribe como tarde en los últimos años 50, y muy probablemente, para que se pueda producir el proceso de mutua lectura entre sus autores y posterior producción, a mediados de los años 50.

Y echando para atrás la cuenta por lo que al primero de los evangelios (presumiblemente Marcos) se refiere, que este está escrito a principio de los 50, o como tarde a mediados.

Así pues, y como queríamos demostrar, los evangelios sinópticos están escritos todos antes del año 63, pero el primero de ellos, muy probablemente hacia mediados de la década de los 50 o, por qué no, incluso antes.

Como quiera que sea, tras la muerte de Pablo, poco o nada es lo que se sabe de Lucas. San Epifanio (n. h. 438-m. h .496) afirma que predicó en Dalmacia —donde efectivamente existe tradición al respecto—, Galia, Italia y Macedonia.

En cuanto a la muerte de san Lucas, el *Prefatio vel argumentum Lucae* de Julio Africano (m. h. 240) afirma que, tras escribir su Evangelio en Acaya (Grecia), habría muerto a la edad de setenta y cuatro años en Bitinia, en Asia Menor; si bien no existe tradición alguna sobre el modo en que lo hizo.

6 La blasfemia de Jesús en los textos no cristianos

La cuestión de la filiación divina de Jesús no es solo algo de lo que se ocupen las fuentes cristianas, sino que la vamos a hallar también presente en las fuentes no cristianas sobre Jesús.

Las referencias del Talmud a la proclamación del Nazareno como hijo de Dios no son muy explícitas, pero no existe ninguna dificultad en hallar una alusión a Jesús en el Talmud de Jerusalén, donde el rabino Abahu, que escribió hacia finales del siglo III, afirma:

> «Rabbí Abahu dijo: Si alguien dice "Yo soy Dios" es un mentiroso; y si dice: "Soy hijo del hombre", al final el pueblo se reirá de él; y si dice: "Subiré a los cielos" no conseguirá realizarlo» (j. Taanith 65 b).

El Rabbí Abahu, que el Talmud presenta como autor de la afirmación, pertenece a la generación amoraica que predicó a finales del siglo III. En cuanto al pasaje, en el supuesto nada improbable de que efectivamente se refiera a Jesús, pone de manifiesto que, desde la perspectiva de los grandes maestros judíos, la proclamación que Jesús hizo de sí mismo como Hijo de Dios era una afirmación grave, de tipo «blasfémico», y ajena desde luego a los títulos digamos «protocolarios» que corresponderían al mesías según el Antiguo Testamento.

Que, según el mismo Talmud, Jesús se trató como quien dice una blasfemia, ya hemos tenido ocasión de comprobarlo, eso sí, en el supuesto de que el tal Ben Stada referido sea, como sostienen algunos intérpretes, Jesús:

> «Respecto a todos aquéllos que son dignos de la pena de muerte de acuerdo con la Ley no se utiliza el encubrimiento y el engaño, salvo en el caso del seductor [es decir, el hereje] ¿Como se actúa con éste? Se disponen a dos discípulos de los sabios en una cámara interior y se sienta [al acusado] en una habitación exterior, contigua, y se enciende una lámpara sobre él, de modo que [los testigos] lo vean y oigan su voz. Eso hicieron con Ben Stada en Lida; escondieron por su causa dos discípulos de los sabios, lo llevaron ante el tribunal, lo lapidaron y lo colgaron en la víspera de la Pascua [pena que no es otra que la que corresponde al blasfemo].» (b. Sanh. 67a; j. Sanh 25cd; similar a Tosefta Sanh. 10, 11).

Pasando al ámbito de las fuentes romanas sobre Jesús, Plinio el Joven, en su *Epístola a Trajano* enviada desde Bitinia en el año 111, informa al emperador que los cristianos de su provincia «cantan himnos en los que apelan al *Christus* como Dios», lo que, cuanto menos, indica que en tiempos tan tempranos como los inicios del siglo II, la idea de Jesús como parte de la divinidad estaba sumamente asentada.

En el ámbito islámico, la cuestión, que a los efectos es más anecdótica que reveladora, se torna crucial. *El Corán,* como sabe cualquiera que haya leído *Jesús en el Corán*, de un tal Luis Antequera, acepta la condición profética de Jesús.

> «Te hemos hecho una revelación, como hicimos una revelación a Noé y a los profetas que le siguieron. Hicimos una revelación a Abraham, Ismael, Isaac, Jacob, las tribus, Jesús, Job, Jonás, Aarón y Salomón. Y dimos a David salmos» (C. 4, 162).

Acepta también otras titulaciones derivadas de su tratamiento en las fuentes cristianas, tales como la de cristo o mesías, «ungido» en definitiva.

«Su nombre es el Ungido [=mesías], Jesús, hijo de María» (C. 3, 45).

Hasta le otorga la titulación de «enviado» *(rasul)*, que solo otorga a otros dos profetas y nada más que a ellos: Moisés y Mahoma.

«Estos son los enviados [rasul en terminología coránica]. Hemos preferido a unos más que a otros. A alguno de ellos Dios ha hablado. Y a otros les ha elevado en categoría. Dimos a Jesús, hijo de María, las pruebas claras y le fortalecimos con el Espíritu Santo.» (C. 2, 253).

Pero lo que el Corán no puede aceptar en modo alguno es que Jesús se intitule, ya por propia iniciativa, ya porque así lo hagan sus seguidores, Hijo de Dios. Dice el libro sagrado de los musulmanes:

«Los cristianos dicen: "El Ungido es el hijo de Dios". Eso es lo que dicen de palabra. Remedan lo que ya antes habían dicho los infieles. ¡Que Dios les maldiga! ¡Cómo pueden ser tan desviados!» (C. 9, 30; cfr. C. 2, 116; C. 23, 91).

Y también:

«¡Gente de la Escritura! ¡No exageréis en vuestra religión! ¡No digáis de Dios sino la verdad: que el Ungido Jesús, hijo de María, ¡es solamente el enviado de Dios y su Palabra, que él ha comunicado a María y un espíritu que procede de Él! ¡Creed pues en Dios y en sus Enviados! ¡No digáis «Tres»! ¡Basta ya, será mejor para vosotros! ¡Dios es solo un Dios uno! ¡Gloria a Él! ¡Tener un hijo...!» (C. 4, 171-172).

Si, como hemos tenido ocasión de comprobar, en las religiosidades vecinas de la cristiana, judaísmo y cristianismo, la idea de un Hijo de Dios raya en lo blasfemo y es inaceptable, en otras religiosidades, sin embargo, la idea es contemplada con gran naturalidad.

En la religiosidad faraónica, el faraón tiene entre sus ancestros al dios Ra. En el ámbito grecorromano, el héroe por antonomasia, Hércules, es hijo de un dios, Júpiter, y de una mujer, Alcmena, hija a su vez de Electrión, rey de Argos: es, por lo tanto, un semidios. El caso no es único, sino que se repite con otros personajes de la misma mitología tales como Perseo, hijo del dios Júpiter y de una mujer, Danae; Pólux, hijo igualmente de Júpiter con otra mujer, Leda, etc.

Dicha circunstancia lleva a autores como Wilhem Bousset (n. 1865-m. 1920), autor de *Geschichte des Christusgalubens von den Anfangen des Christentums bis Iraeneus* (1913), a defender que el proceso que convierte a Jesús en hijo de Dios está muy relacionado con los cristianos de segunda generación procedentes del paganismo grecorromano muy familiarizados con el concepto del héroe divinizado.

5. LA FECHA DE LOS HECHOS

De cara, por último y para terminar esta obra, a fijar las fechas en las que los eventos narrados se produjeron, lo primero a determinar —ya verá Vd. por qué—, es si lo que Jesús celebró con sus principales discípulos, los apóstoles, fue o no fue una cena pascual al modo en que lo hacían sus compatriotas judíos, razón por la que nos ponemos a ello sin mayor dilación.

Lo primero que se ha de señalar es que, entre los judíos, aunque el día grande de la Pascua es el 15 de nisán, la cena pascual se realiza la víspera, esto es, el 14, primer día de ázimos, primero de los siete que los judíos se han de abstener de todo alimento fermentado con levadura.

Sobre la fecha en la que Jesús celebró la última cena con los apóstoles disponemos de un dato que es el único en el que, a los efectos, los cuatro evangelistas están de acuerdo: que su muerte se produjo un día de la preparación, esto es, un viernes, «parasceve» en griego...

«Y ya al atardecer, como era la Preparación, es decir, la víspera del sábado» (Mc. 15, 42, acorde con Mt. 27, 62; Lc. 23, 54; Jn. 19, 31).

En consecuencia, con el cual, la última cena de Jesús con sus discípulos que tiene lugar la noche anterior a su muerte se produjo necesariamente un jueves.

Hasta ahí el acuerdo, porque a partir de ahí, ya nada coincide en un relato, el de Juan, y los otros, los de los Sinópticos. Y es que, para estos últimos, Jesús celebra la comida de Pascua el primer día de ázimos, es decir, en la fecha de la cena pascual:

«Llegó el día de los ázimos, en el que se había de celebrar el cordero de Pascua; y envió a Pedro y a Juan diciendo: "Id y preparadnos la Pascua para que la comamos".» (Lc. 22, 7-8; similar a Mt. 26, 17 y Mc. 14, 12).

Natividad. Fra Angelico (1440). Pinacoteca Civia. Forli.

El 14 de nisán, pues. Lo que, si bien hace el relato sinóptico, por lo que a la Pascua se refiere, perfectamente acorde con lo que marca la Torah, tiene el inconveniente de que, según él, la muerte de Jesús habría ocurrido un 15 de nisán, es decir, en plena Pascua, con dos consecuencias inaceptables. Por un lado, la incompatibilidad del relato con la prohibición legal de los judíos de ejecutar a nadie en Pascua. Y es que el solo contacto de un judío con un cadáver humano, como con toda claridad se expresa en el libro de los Números, lo convierte en impuro:

«El que toque un muerto, cualquier cadáver humano, será impuro siete días.» (Nu. 19, 11).

Y la impureza, es inhábil para celebrar la Pascua:

«Yahvé habló a Moisés en estos términos: "Di a los israelitas: Si uno de vosotros o de vuestros descendientes se encuentra impuro por un cadáver, o está de viaje en tierra lejana, también celebrará la Pascua en honor de Yahvé. La celebrarán el mes segundo [es decir, un mes después, el de iyar, pues el de nisán es el primer mes del año judío, ver Éxodo 12, 2]» (Nu. 9, 1011).

Y por otro, la que representa el episodio de Simón de Cirene —quien, como se sabe, ayudó a Jesús a portar la cruz—, el cual «volvía del campo», cuando, como todo judío sabe, durante los días sagrados —y el de la Pascua es el más sagrado de todos—, el trabajo está estrictamente prohibido:

«Ningún trabajo se hará en esos días.» (Ex. 12, 16).

Para san Juan en cambio, la cena se celebra un día antes. Y es que, según él, el día en que Jesús fue crucificado era día de «comer la Pascua» (Jn. 18, 28), esto es, 14 de nisán, lo que implica que la última cena de Jesús con sus apóstoles no habría acontecido el 14 (día de comer la Pascua), sino el 13. Lo que queda perfectamente expresado en estas palabras, pertenecientes también al Evangelio de Juan:

«Antes de la fiesta [nótese la locución, "antes"] de la Pascua, sabiendo Jesús que había llegado su hora de pasar de este mundo al Padre, habiendo amado a los suyos que estaban en el mundo, los amó hasta el extremo. Durante la cena [...]» (Jn. 13, 1-2).

Ávidos de coordinar los relatos sinóptico y joanesco, esto es, la fecha en la que Juan señala que se produce la última cena con el carácter pascual de dicha cena que señalan los Sinópticos, varios autores han intentado aportar soluciones.

Para unos, se trataría de una ruptura expresa de Jesús con la Pascua judía, antecedente de todas las rupturas que habrían de venir luego, culminadas con la completa emancipación del cristianismo frente al judaísmo del que procede. Y particularmente por lo que a la festividad de la Pascua se refiere. De ahí la preocupación del primer cristianismo en establecer una celebración de la Pascua que sea móvil, para que no coincida nunca con la celebración judía. Hasta tal punto de que, si las reglas establecidas por los cristianos para fijar la Pascua cristiana coincidieran algún año con la Pascua judía, entonces esas reglas, con carácter excepcional, varían, para conseguir que no coincida.

Para otros, se trataría de una simple diferencia de costumbres entre los judíos de Judea y los judíos de Galilea —Jesús, no se olvide, era galileo—, los cuales comerían la Pascua el 13 de nisán. Se basan los que así piensan en el hecho de que Galilea, territorio bien diferenciado de Judea, no forma parte del núcleo duro del judaísmo, y, sobre todo, en la fama de los galileos contemporáneos de Jesús de no ser excesivamente estrictos en lo que a la práctica religiosa se refiere. «¡Galilea de los gentiles!», se la llama en el libro de los Macabeos (1 Mac. 5, 15).

Para unos terceros, Jesús estaría celebrando la Pascua al modo de los esenios, grupo judío que, tras romper con el Templo, habría optado por adelantar algún día su celebración. Entre los signatarios de tal teoría, alguno tan ilustre como el papa Benedicto XVI, quien, en su sermón del jueves santo 5 de abril de 2007, hace la siguiente afirmación:

> «El descubrimiento de los escritos de Qumrán nos ha llevado a una posible solución convincente [sobre la discrepancia entre Juan y los sinópticos] que, si bien todavía no es aceptada por todos, tiene un elevado nivel de probabilidad [...] Él [Jesús] celebró la Pascua con sus discípulos probablemente según el calendario de Qumrán, es decir, al menos un día antes. La celebró sin cordero, como la comunidad de Qumrán».

Como quiera que sea, a saber, que Jesús celebró una pascua de propia fundación, que celebró una pascua galilea, que celebró una pascua esenia o que consciente de que el tiempo se acababa, simplemente celebró una última cena con sus principales discípulos, hipótesis que no se ha de desdeñar, ese dato inicial, es decir, que Jesús celebró la cena en cuestión un día antes del día de aquél en el que los judíos comían la Pascua, es el que habremos de retener como válido para determinar la fecha en la que fue crucificado.

Aceptando, pues, la mayor coherencia del relato joanesco y, por lo tanto, que el viernes en que Jesús fue crucificado fue 14 de nisán y no 15, tal circunstancia concurrió en tres fechas a considerar: el 7 de abril del año 30, el 3 de abril del año 33 y el 30 de marzo del año 36. Antes del año 30, difícilmente pudo ocurrir la muerte de Jesús, porque entonces, el fundador del cristianismo ni siquiera se habría bautizado, cosa que, gracias a Lucas, sabemos ocurrió en el año 30:

> «En el año quince del imperio de Tiberio César [coincidente con el año 30 de nuestra era], siendo Poncio Pilato procurador de Judea [...]» (Lc. 3, 1).

Después del año 36 tampoco, porque ese mismo año 36, y gracias al historiador judío Flavio Josefo —del siglo I, quiere decirse, casi contemporáneo de Jesús, sabemos que cesan en sus cargos dos de los personajes centrales de la Pasión: Pilato y Caifás, el primero como procurador o prefecto; el segundo como sumo sacerdote. Unos ceses que se producen —también lo sabemos— muy a finales de año, pues el de Caifás es posterior al de Pilato, y el de este es tan tardío que cuando llega Roma, por vía marítima con toda probabilidad, el emperador Tiberio ya ha muerto (Ant. 18, 4, 2), siendo así que tal evento, según sabemos por *Los doce Césares* de Suetonio y también por *Las Guerras judeo-romanas* del propio Josefo (Bell. 2, 9, 5), ocurrió el día 16 de marzo del año 37.

Tres fechas pues. Empecemos el descarte. Eliminar el año 36 no es difícil. Lucas nos dice que cuando Jesús toma el bautismo de manos del Bautista tiene *"unos treinta años"*, y dado que había nacido en el año -5 o -6 (dada la importancia del dato lo analizaremos después de este epígrafe), aceptar que es crucificado en el año 36 nos lo presentaría colgado en la cruz a una edad bien sobrepasada los cuarenta, la cual cuadra mal con el relato evangélico.

Nos quedan pues el año 30 y el año 33. Llegados a este punto, es interesante poner sobre la mesa otro dato, este del Evangelio de San Juan, que consideramos crucial. Es el siguiente:

«Los judíos entonces le replicaron [a Jesús] diciéndole: "¿Qué señal nos muestras para obrar así?" Jesús les respondió: "Destruid este santuario y en tres días lo levantaré". Los judíos le contestaron: "¿Cuarenta y seis años se han tardado en construir este santuario y tú lo vas a levantar en tres días?"» (Jn. 2, 18-21).

Dado que la fecha en la que Herodes el Grande acomete la reconstrucción del Templo la podemos estimar —una vez más gracias a Josefo— en torno al año 19 a. C., esto sitúa la escena en cuestión (cuarenta y seis años después) en la Pascua del año 28 d. C., primera de las tres que, según Juan, duraría el peregrinar de Jesús por tierras palestinas. A tenor de lo cual, como Jesús, según Juan, es crucificado durante la tercera pascua de su ministerio, tal habría ocurrido durante el año 30, concretamente el 7 de abril del año 30, fecha en la que, como hemos visto más arriba, el 14 de nisán coincidió en viernes. Todo lo cual, en favor del Evangelio de Juan, convierte a este en perfectamente coherente consigo mismo, y también, lo que no es poco importante, con los datos que aporta el historiador judío no cristiano —y, por lo tanto, no solo imparcial sino ajeno al tema— Josefo.

Como quiera que sea, en el año 1933 el papa Pío XI ya mandó celebrar el XIX centenario de la muerte de Jesús —cosa que hizo mediante la Constitución apostólica *Quod nuper*—, optando, por lo tanto, por el año 33 como el más probable. Muy interesante será ver cuál será la actitud que adopte la Iglesia en el próximo año 2030, a saber, si invita a celebrar entonces el bimilenario de la ejecución más importante de la historia, o vuelve a optar, con Pío XI, por la alternativa según la cual Jesús habría sido crucificado en el año 33 y, en consecuencia, pospone los fastos del bimilenario al año 2033.

Para ese entonces, es de esperar que algún avance en la exégesis o algún nuevo descubrimiento arqueológico aporte nueva luz a los hechos. Pero mientras ello no ocurra, la coherencia interna del Evangelio de Juan invita a adherirse a la tesis joanesca de la crucifixión —esta se produjo el 7 de abril del año 30— perfectamente coherente consigo misma y con los datos que aporta el historiador imparcial Josefo, en detrimento de la que llamaríamos joanesco-lucana —ésta se produjo el 3 de abril del año 33.

1. La fecha del nacimiento de Jesús

Siendo, como vemos, de gran importancia para poder determinar la fecha de su ejecución, no debemos cerrar esta cuestión sin aportar alguna pista sobre la fecha del nacimiento de Jesús. Y lo cierto es que, dando, como da, origen a toda una era, la de Jesucristo precisamente, el nacimiento de Jesús debería de haber ocurrido el primer año de esta. La pregunta es: ¿nace efectivamente Jesús en el año uno de su era?

Para la obtención del año que da comienzo a la era cristiana, son fundamentales dos datos que aporta, una vez más, el evangelista Lucas, referidos los dos al bautismo de Jesús. Según san Lucas, tal bautismo tiene lugar el año 15 del imperio de Tiberio César, y también según él, Jesús tenía «unos treinta años» (Lc. 3, 23) cuando ello ocurre.

Como el año 15 del imperio de Tiberio sería el 782 de Roma, si a ello se restan los veintinueve cumplidos de Jesús, da el 753 de la fundación de Roma, convertido en año uno de nuestra era. Tales cálculos se deben a Dionisio el Exiguo, monje rumano del siglo VI, el cual, sin embargo, hará honor a la exigüidad de su apellido atribuyendo a Jesús treinta años donde Lucas sólo dice «unos treinta», lo que conduce a un fatal error que condicionará la datación de la historia para siempre, como vamos a tener ocasión de ver.

Y es que la combinación de los datos que aportan los evangelios y los que conocemos por otras fuentes históricas, desautorizan los exiguos cálculos del Exiguo. A este respecto, valga decir que los evangelios —Mateo y Lucas, que ni Marcos ni Juan aportan nada en lo relativo al tema—, proporcionan tres datos determinantes, que no debemos dejar de considerar; un cuarto dato del que por más que se quiera, no se puede extraer ninguna información; y un quinto que, directamente, induce a la confusión. A todos ellos nos vamos a referir.

El primer dato por considerar es que Jesús nace en tiempos de Herodes el Grande. Lo cual sabemos por Lucas —«hubo en los días de Herodes...» (Lc. 1, 5)— y por Mateo, quien nos informa que Jesús nació «en tiempos del rey Herodes» (Mt. 2, 1). Rey, este Herodes, que, por el historiador judío Flavio Josefo, sabemos murió en el año 4 a. C. Por saber, hasta sabemos que su muerte vino precedida de un eclipse lunar que los astrónomos fechan el 12 de marzo de ese mismo año. A tenor de este dato, Jesús no pudo nacer, pues, después del año 4 antes de su propia era.

El segundo dato por considerar lo aporta igualmente Lucas, quien nos dice que José hubo de dirigirse a Belén para censarse en cumplimiento «del edicto del César Augusto ordenando que se empadronase todo el mundo» (Lc. 2, 1), censo que, por una inscripción en Ankara, la Angora clásica, podemos datar en el año 8 a. C. A tenor de este otro dato, Jesús no pudo nacer antes del año 8 a. C.

El tercer dato por considerar lo vuelve a aportar Mateo, y está relacionado con la visita que los magos de Oriente rinden a Herodes, informándole del nacimiento del rey de los judíos con el que identifican a Jesús (Mt. 2, 2). Ello desencadena la intriga del monarca idumeo, que interroga a los magos sobre la fecha de su nacimiento, obteniendo de ellos la información de que el mismo ha debido de ocurrir dos años antes del momento en el que está teniendo lugar la visita (Mt. 2, 16).

Puestos los tres datos en consonancia, Jesús debió de nacer entre el año -8 en el que Augusto emite el edicto del censo, y el -4 en el que muere Herodes. Y puesto que Jesús tiene dos años o menos cuando Herodes se entera de su nacimiento, eso permite acotar aún más la fecha y fijarla entre los años 5 y 6 antes de su propia era.

El dato del que, por más que queramos, no podemos obtener más información, es el que se refiere a la misteriosa estrella que siguen los magos de oriente (Mt. 2, 2), que, según con qué se identifique, una nova, una conjunción de Júpiter y Saturno, un aparejamiento de Júpiter y la Luna en piscis, el cometa Halley y tantas y tantas otras posibilidades, ofrecería diferentes conclusiones, por lo que no vamos a entrar a considerar ninguna de ellas. Por cierto, que la forma tan característica que suponemos a la estrella de Belén se la debemos al gran pintor renacentista italiano Giotto di Bondone, que la habría representado de tal guisa en la Capella Scrovegni de Padua realizada en el año 1305, en que se dejaba ver, por cierto, el cometa Halley.

Y el quinto dato que induce a confusión, es el que aporta el evangelista Lucas cuando informa que «este primer empadronamiento tuvo lugar siendo gobernador de Siria Quirino [o Cirino]» (Lc. 2, 2), siendo así que todo parece apuntar a que en las fechas que barruntamos, el gobernador de Siria era Sentio Saturnino —en tal sentido se pronuncia, entre otras fuentes, el cristiano Tertuliano—, y el Quirino que cita Lucas era, en realidad, en ese momento, gobernador de Panfilia-Galacia. Si bien es cierto que, según sabemos, entre otras fuentes, por el historiador judío Flavio Josefo, Quirino terminó siendo gobernador de Siria, ello solo ocurrió en el año 6 d. C. y hasta el año 12 d. C., coincidiendo justamente con la deposición del rey Arquelao de Judea y la incorporación por los romanos de esta región a la demarcación siria.

¿Qué explicación cabe dar, según todo lo expuesto, al error de Lucas, un hombre generalmente bien informado y que presume de riguroso en el trato de la información que maneja?

En primer lugar, que el historiador-evangelista hubiera, simplemente, incurrido en un error, un error justificable desde el punto y hora en que Quirino sí fue gobernador de Siria y Judea —aunque no lo fuera cuando Jesús parece nacer—, y desde el momento en que su período de gobierno justamente fue notorio por las dramáticas consecuencias que para los judíos tuvo un censo, el cual podría haber confundido Lucas con el que condujo a José y a su familia a Belén

Una segunda explicación deja al evangelista Lucas en mejor lugar y es que, según una inscripción latina de interpretación dudosa descubierta en 1764, el llamado *Titulus Tiburtinus*, Quirino podría haber sido gobernador de la provincia siria, o al menos acompañar al que fuera titular de la gobernatura en cuestión, en otro período diferente al ya explicitado.

La explicación que se antoja más plausible es una tercera, aquélla que propone una traducción diferente al texto de Lucas, bastante solvente al parecer de muchos autores, según la cual, lo que Lucas realmente habría escrito en el pasaje en cuestión es lo siguiente:

«Este empadronamiento [el que lleva a José a Belén] fue primero [anterior] al que tuvo lugar siendo gobernador de Siria Quirino» (Lc. 2, 2).

Lo cierto es que, si algún día se obtuvieran más datos históricos orientados en esa dirección, a lo mejor era incluso posible acotar mejor la fecha del nacimiento de Jesús. Por el momento, y mientras ello no ocurra, lo más plausible es que Jesús haya nacido entre los años 5 y 6 antes de su propia era.